スマートサプライチェーンの設計と構築の基本

鈴木邦成・中村康久 著
SUZUKI Kuninori　NAKAMURA Yasuhisa

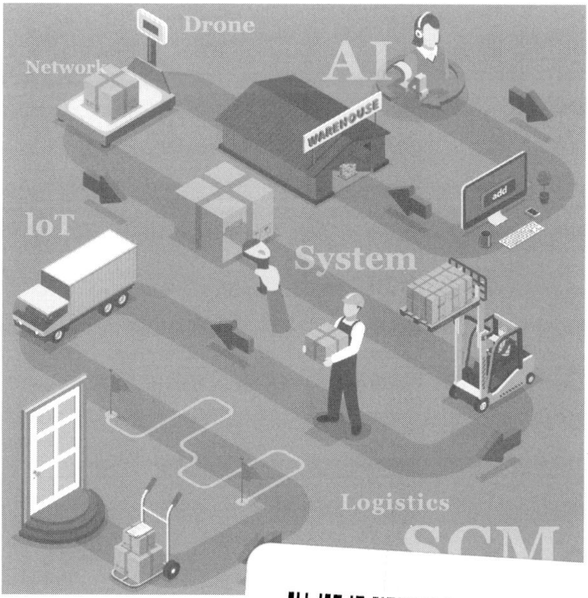

東京 白桃書房 神田

はじめに

近年のAI（人工知能）やIoT，５Ｇ，クラウドといったICT技術の急激な進化は，私たちの日常生活や企業活動を劇的に変革しつつある。スマートフォンは，単なる電話端末の領域をはるかに凌駕し，特に若い世代には圧倒的な人気を得ている。老若男女を問わず，テレビ離れは加速し，眠りに落ちる直前までスマートフォンを手放さない。

ライフスタイルや経済活動も大きく変化している。モバイル決済は，欧米はもとよりアジア各国などでも圧倒的な支持をえており，わが国でも手軽で安全なキャッシュレス社会も完全実現のときを迎えている。

本書で取り扱うロジスティクス領域と隣接する業界にある旅客輸送業界でもその変革の波は訪れている。例えば，タクシー事業も大きな変革期にあり，配車アプリを使えば，道端で時間を無駄に過ごすことなく，好きな時間に好きな場所にタクシーを呼ぶことが簡単にできるようになっている。

しかしながら，５Ｇ環境でもAI時代の恩恵は旅客輸送業界よりもロジスティクス，すなわち物流業界のほうがはるかに大きい。

旅客輸送あるいは対人サービスでのビッグデータには個人情報保護などのプライバシーに大きく配慮しなければならないなど，越えなければならないハードルがいまだいくつもある。もちろん貨物輸送業界などでも顧客データの管理などに細心の注意とセキュリティを講じなければならないが，旅客に比べれば貨物は比較的，越えるべき情報セキュリティのハードルは低い。さらにいえば出荷情報，在庫情報，貨物情報などを適切なセキュリティ環境のもとに管理すれば，ビッグデータ活用の恩恵はとてつもなく大きい。旅客，対人サービス業界に比べて貨物輸送関連のロジスティクス領域では AI や IoT の恩恵を大きく受けることが可能なビジネスモデルが構築しやすくなっているのである。

そして，ここにきて大きな注目を集めているのがスマートサプライチェーンの設計と構築である。本書ではその設計と構築におけるバックグラウンドと基本知識を体系的にまとめ，解説することとする。

1990年代にロジスティクス，3PL（サードパーティロジスティクス：受託物流事業）の概念が物流業界に浸透したことを受けるかたちで，2000年前後にサプライチェーンマネジメント（SCM）の概念が広まり，先進的な企業を中心にその構築事例が出始めた。さらにサプライチェーンは環境武装とリンクするかたちでグリーンサプライチェーンへの進化を遂げてきたが，ここにきて AI や IoT との融合により，スマートサプライチェーンへと昇華しつつある。

スマートサプライチェーンでは，クラウドを通して得られるビッグデータにより制御された，モノの流れと情報の流れ，さらにはキャッシュフローが AI，IoT とのリアルタイムリンクのもとに迅速にムダなく，かつ戦略的に管理，活用されていくことになる。

特に近年の EC（電子商取引）事業の爆発的ともいえる普及や加速する少子高齢化といった社会環境の変化により，物流事業を取り巻く環境が大きく変わりつつあることから，AI や IoT といった最先端のイノベーションの導入が，今後も進展すると予測される。これまで，どちらかというと，勘と経験に頼っていた需要予測やそれに伴う設備投資も，まさにリアルデータに基づいて設計，実施される「データ・ドリブン・エコノミー」の到来である。

本書の構成は以下のようになる。

第 1 章では，クラウド活用の情報共有の視点からスマートサプライチェーンの原理原則について解説する。

第２章では，第１章で紹介した原理原則を念頭にスマートサプライチェーンの情報共有環境の設計コンセプトについて詳述する。

第３章では，ロジスティクス領域を中心にスマートサプライチェーンの構築にあたっての基本を紹介する。

第４章では，スマートロジスティクスの展開について解説する。

第５章では，国内外企業におけるスマートサプライチェーンのスマートサプライチェーンにおける物流 IoT 導入事例などを紹介し，進捗状況を概観する。

第６章ではグリーンサプライチェーンのこれからの展開，とくに５Ｇ環境をいかに活用していくかという視点からの分析と考察を行う。

物流・ロジスティクス領域に関わるＳＥや ICT 技術者の方々，さらには人工知能，IoT，モバイルサービス，サプライチェーンや物流システムなどに関わる一般ビジネスマンや学生の方々が，スマートサプライチェーンの設計と構築について，AI やモバイル技術の発達と物流システムの視点から，自らの専門領域と重ねて理解を深めていただければ，筆者にとって望外の喜びといえる。

2020年１月

著者

目　次

略記用語一覧

本書における重要用語については，本文中では**ゴジック体**にて略記で示し，ここではその用語の解説をしている。本書を読み進めるうえで活用してほしい。

【A】

AI（artificial intelligence）
人工知能。

API（application progamming interface）
「自分（のシステム）」と「外部（のシステム）」が相互に機能を共有できるためのソフトウエアのしくみ。

ARPU（average revenue per user）
１ユーザー当たりの平均収入。

ASN（advanced shipping notice）
事前出荷通知。

【B】

BCP（business continuity plan）
災害や有事などの発生下で必要不可欠な業務をいかに継続させていくかを計画すること。

BLE（bluetooth low energy）
Bluetooth の規格のうちの１つ。

B２B（business business）
企業間商取引。

B２C（business to customer）
企業・一般消費者間商取引。

【C・D】

CASE（connected, autonomous, shared & service, electric）
コネクテッド，自動運転，カーシェアリングとサービス，電気自動車の頭文字をとった造語。

CEIV Pharma
医薬品航空輸送品質認証制度。

DAS（degital assort system）
仕分け棚の表示器が点灯したパネルに表示される個数の物品を行先別などに仕分けをするシステム。

DPS（degital picking system）
バーコード管理などを行っている貨物の保管棚にデジタル表示のランプが設置され，ピッキングに際しては，点滅などで指示を出すシステム。

【E-G】

ETC（electronic toll collection system）
自動電子料金収受システム。

F２F（face to face）
面と向かってのコミュニケーション。

GDP（good distribution practice）
医薬品の適正流通ガイドライン。

GPS（global positioning system）
汎地球測位システム。

【I・K】

IEEE (institute of electrical and electronics engineers)
米国電子情報学会。

IoT (internet of things)
モノのインターネット。

ITS (intelligent transport systems)
高度道路交通システム。

KPI (key performance indicator)
主要業績評価指標。

【L–N】

LTE (long term evolution)
4Gのこと。

MaaS (mobility as a service)
サービスとしての移動手段。

M2M (machine to machine)
ネットワークに繋がれた複数の機器同士が自動的に情報伝達を行う技術。

NFC (near field communication)
通信距離が，数センチから1m前後の近接型の通信方式。

【R】

RaaS (robotics as a service)
ロボティクスの機能をインターネットなどのネットワークを活用して，運用するビジネスモデル。

RFID (radio frequency identifier)
ID情報を組み込んだRFタグから電磁波や電波等を用いた無線通信を介して非接触で情報をやりとりする技術

RFP (request for proposal)
提案依頼書。

RPA (robotic process automation)
事前に決められた手順を自動化するしくみ。

【S–U】

SCM (supply chain management)
サプライチェーンの川上から川下までの情報を多企業間で共有し，必要なモノを必要なときに必要なだけ供給するというマネジメント手法。

TMS (transport management system)
輸配送管理システム。

UHF (ultra high frequency)
極超短波。

【W】

WMS (warehouse management system)
倉庫管理システム。

【数字】

3PL (3rd party logistics)
荷主企業などに物流改善・物流改革などを提案し，包括的に物流業務を行うこと。

1 スマートサプライチェーンの原則

1-1 スマート化への先兵

IoT や AI の発達により，高度に発達したスマート化社会の到来が目前に迫ってきたように感じられる。さまざまな情報が世の中全体で共有され，ムダ・ムラ・ムリのない高度で効率的な社会システムが構築されようとしている。

もちろん，究極的にスマート化は対人サービスや旅客輸送などの領域で幅広く浸透していくことが望ましいといえる。しかし，いわゆるシンギュラリティ（技術的特異点）と呼ばれる AI が人類の知能を超えることになる転換点までは，いまだ猶予が存在することになり，そのために今後しばらくはスマート化社会の完成に向けて，引き続き試行錯誤していくことになると考えられる。

そうした状況の中で，対人サービスや旅客輸送よりもセキュリティなどについての自由度が大きい物流サービスや貨物輸送の領域において，先進的な IT，IoT，さらには AI 技術が導入されていくというトレンドが出てきている。すなわち，サプライチェーン上の貨物情報をスマート化していくことで，これまで以上の効率化を実現し，生産・流通・販売システムにおいて，より一層のモノの流れの可視化を進めていくのである。

1-2 スマート化する社会を支える2つの基本法則

現在のIT社会の成立の背景には，2つの基本法則がある。1つは，ムーアの法則，もう1つはシャノンの定理である。

1-2-1 ムーアの法則

ムーアの法則は，インテル社の共同創業者のひとりであるゴードン・ムーア博士が1965年に発表したものであり，半導体の集積度は約18か月で倍増する，という経験則である。

この法則は，発表以来すでに半世紀以上経過しているが，いまだに法則として成立している。

すなわち，現在からn年後の半導体の集積率をPとすると，Pはnに関して指数関数的に向上することを意味しており，例えば，5年後には10倍になる。この法則は，例えば，コンピュータの性能向上や半導体メモリーの進化，カーナビやゲーム機器，デジタルテレビ機器など，私たちの日常生活のあらゆるシーンで目に触れることができるため，イメージを理解しやすいと思われる。

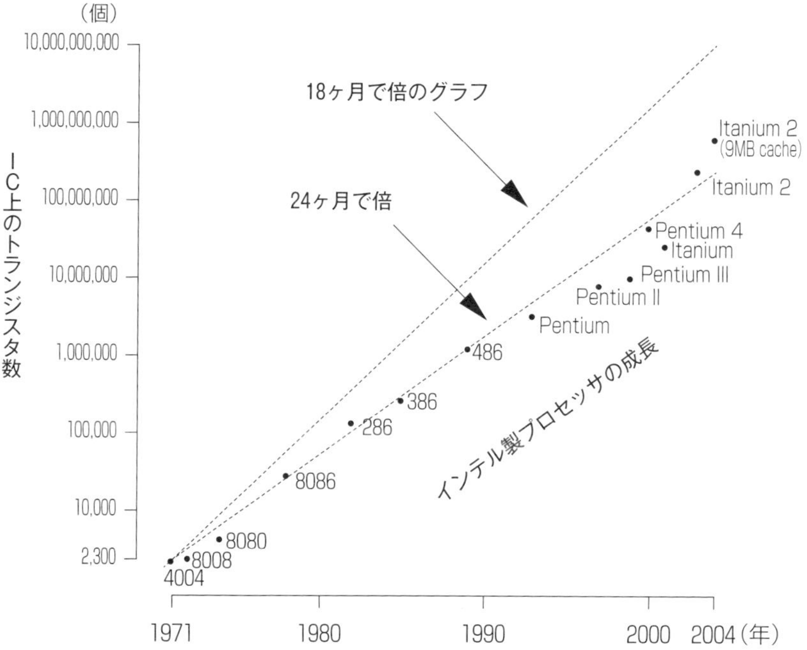

図表1-1　ムーアの法則

原出典："Cramming more components onto integrated circuits" Gordon E. Moore, *Electronics Magazine*, 19, April, 1965.

出典：『生活における地理空間情報の活用』川原靖弘・関本義秀編著，放送大学教育振興会，2016年，p. 70

1-2-2　シャノンの定理

次に，シャノンの定理であるが，この定理は米国の電子工学者クロード・シャノンが1948年に確立した，デジタル通信路での最大通信容量を理論的に規定したものである。これを数式で表わすと下記のようになる。

$$C = B\log_2\left(1+\frac{S}{N}\right)$$

C は通信路容量（単位：ビット毎秒）。

B は通信路の帯域幅で（単位：ヘルツ）。

S は信号の平均の強さ。

N は正規分布ノイズの強さ。

S/N は SN 比。

つまり，「通信路で送信できる情報量 C は，通信路の帯域幅 B と，その通信路の SN 比（信号の強さと雑音強さの比）によって決まる」というものである。光通信システムや携帯電話システムは，この数十年，急激に高速化が進んできたが，その理論的根拠を支えている定理といえる。これによって，各国の携帯電話キャリアが，少しでも広い周波数帯域を獲得するために熾烈な競争をしている。なぜなら，広い電波帯域を入手できれば，より多くの携帯ユーザーの利用を可能にするからである。

現在の便利な IT 社会を構成する，4G（第 4 世代移動通信システム），5G（第 5 世代移動通信システム），スマートフォン，ゲーム端末，パソコンにインターネットといった，仕事や日常生活に欠かせない IT サービスは，この 2 つの定理・法則が支えるものである。

なお，電池技術，バッテリー技術の領域も，ここ20年ほどで劇的に進化，向上したことは間違いない。今では，20年前には想定できないほど進化・完成した電気自動車（EV）が世界中を走っており，環境問題への対応もあり，そのニーズは増大する一方である。太陽光発電パネルの発電効率も著しく向上し，いまや日本各地で，発電パネルの普及は拡大してきた。ただし，残念なことに，あまりに ICT（情報通信技術）系の革新が速すぎるため，近年の電池技術の目覚ましい進化があまり目立たないのは残念でもある。

1-3 スマートサプライチェーンを支えるIoT技術

一般にスマート化とは，IoT，AIなどを中軸に据える高度な情報処理能力，制御能力を情報システムやその関連端末デバイスなどに持たせることを指す。したがって，ロジスティクスにおけるスマート化とは2000年代初頭あたりからしきりに導入が進められたTMS，WMS，在庫管理システムなどにより高度な情報処理能力を持たせ，関連端末デバイスなどがこれまで以上に高い利便性を有するようにアップグレードされていることを意味する。

例えば，出荷情報，輸配送情報などの諸データはビッグデータ時代の流れのなかで，スマートシティなどの都市のインテリジェント化に結びつこうとしている。AIの発達により，高精度の機械学習システムである「ディープラーニング」などとリンクするかたちで物流情報支援システムはさらなる発達を遂げようとしている。

さらにいえば，スマートサプライチェーンにおいては高度な情報処理能力を有するインフラのもとでモノの流れ，カネの流れ，情報の流れが管理・制御されることになる。これにより，ビッグデータとのリンクも必然的に強化される。

IoTとは，世界中に存在する，あらゆるモノ（クルマや人間も含む）が，インターネットに繋がる世界，環境を指す。具体的には，スマートフォンや各種通信モジュール，RFIDタグ（非接触タグ）などと色々なセンサーを組み合わせて，離れたモノの状態を知ったり，遠隔で操作・制御したりすることで，安全で快適な生活空間や業務改善を狙う。

ある調査会社によると，2020年には世界中で，500億個のモノがインターネットに繋がり，市場規模に換算すると約400兆円に達すると予測されている。このIoTのコンセプトを，図表1-2に示す。

センサーによるデータ収集，ヒトによるネットデバイス操作，ヒトに

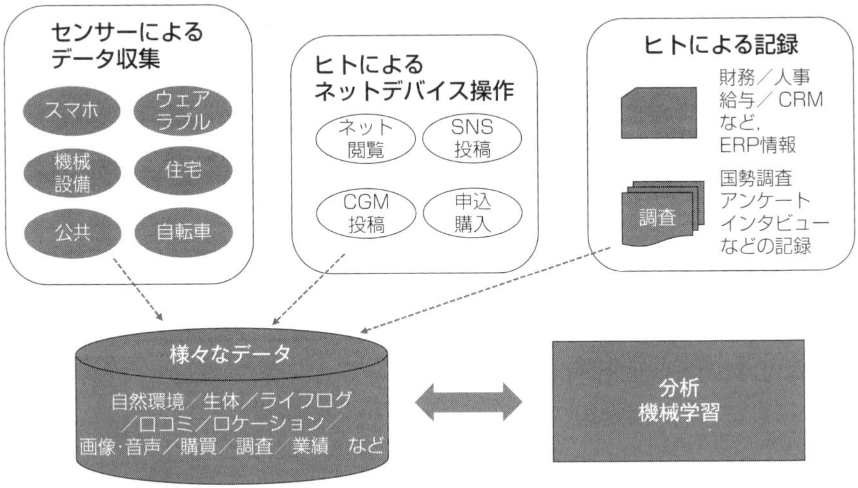

図表1-2　IoT のコンセプト

出典：『生活における地理空間情報の活用』川原靖弘・関本義秀編著，放送大学教育振興会，2016年，p. 70

よる記録等によって集められたさまざまで大容量のデータ（ビッグデータ）は，AI 技術と連携することにより，新しい価値を作り出すことが可能になる。

このような IoT を実現するには，次の構成要素が必要になる。各種センサー，小型軽量デバイス，多様な無線ネットワーク（3G，4G，5G，Wi-Fi 他），サーバーやクラウド，AI，スマートフォンが人間をターゲットにした巨大なセンサー群と考えると，IoT は，モノやクルマをターゲットとした「膨大なセンサー群」と考えることができる。

もちろん，人間の数よりクルマやモノの数のほうがはるかに多いことを踏まえると，IoT はスマートフォンよりも格段と大きな可能性を秘めているといえる。したがって，物流もその大きな対象であることは間違いない。

IoT により，さまざまなモノの情報をやり取りすることによって，ビッグデータが発生し，それらの情報を加工することで，全く新しい価値が発生する。とくに最近注目されているのが，IoT位置情報サービスである。GPSに代表される位置情報とセンサー情報を組み合わせることにより，物流や流通分野での輸送品の管理を効率的に実現できる多様なサービスが提供される。

1-4　モバイル技術の進歩

代表的なワイヤレス通信である携帯電話システムは，1979年に初めて実用化されたアナログ方式（1G）の発明以降，2Gよりデジタル方式となり，高速データ通信が可能になった3G，インターネットとの融合が進んだ4Gへと進化し，現在は世界各国で5Gシステムに向かっている。

とくにスマートフォンの登場により，携帯電話システムは，生活や仕事に欠かせないプラットフォームとなった。当初の1Gのアナログ方式は，固定電話のコードレス化が目的であり，サービスは音声通話が中心で，NTTが自動車電話サービスとしてスタートした。その後，1990年代に入り，音声通信に加え，低速のデータ通信も可能な2G方式がスタートした。データ通信の速度はたかだか64Kbpsであり，簡単なショートメールが中心だった。PHS（パーソナルハンディフォンシステム）も登場し，一気に普及が加速したのも，この世代である。

3Gでは，音声通話はもちろん，メールや写真の送受信，音楽の再生，テレビやラジオの視聴，ゲームや決済機能も利用可能になり，現在のスマートフォンの到来を迎えた。2010年代になって，LTEと呼ばれる，4Gのスマートフォンが登場すると，多種多様なアプリケーション，位置情報サービス，検索サービス，SNSや映像，画像情報の送受信端末として，仕事や日常生活に欠かせない必需品となった。

ちなみに，LTE 技術では，最大速度10Mbps の通信が可能となり，最初のデジタル方式である第２世代に比べると，100倍以上の高速化が達成されている。

図表 1-3 に年毎度のデータスピードの高速化を示す。

この高速化の流れは，より高速で遅延の少ない５G に繋がる。もちろん，これらのモバイル技術の進化，発展はクルマ用の車載システムにも積極的に導入され，クルマの IT 化にも大きく貢献している。これらは，物流・ロジスティクス領域においても，クルマや荷物の位置追跡やドライバーの状態監視や連絡手段として，必須なツールであり，その重要性は今後さらに高まることになるだろう。

携帯電話は，自動車とともに「20世紀の２大発明」と称されるほど，国，世代，性別を問わず，世界中の人々に愛される世紀の大ヒット商品といえる。

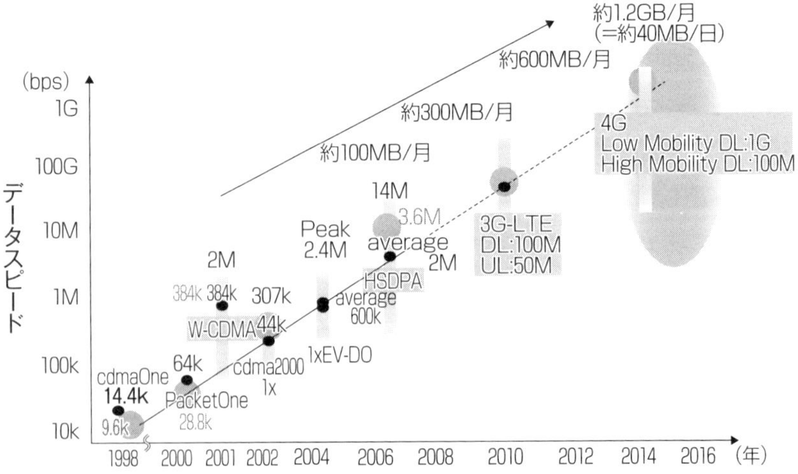

図表1-3　モバイル技術の進歩：無線アクセス速度の大容量化

出典：諸資料をもとに筆者作成

1-5　5Gによる革命

前述してきたように，携帯電話システムは第1世代のアナログ方式の発明，実用化以降，大きく進化，発展し，いよいよ5Gへ向かうこととなった。

5Gシステムは，私たちの生活や社会のしくみをどのように変えていくのだろうか。

携帯電話の各世代はおよそ20年程度で新しい世代に発展している。重要なことは，この20年の間に私たちの生活様式や社会構造も大きく変化しているということである。

4Gシステムの開発がスタートした2000年当時は，現代のようなSNSの発展を全く予想すらしていない時代だった。それゆえ5Gのインパクトを予想することは難しく，いまはむしろ社会がその利用方法を見つける時代なのかもしれない。

なお，5Gの技術的特徴は高速大容量，多数接続，低遅延ということになるだろう。

いずれもこれまでの携帯システムには存在しない優れた特徴でクルマの自動運転や，遠隔地の医療用の高精細な画像診断などに有効といわれている。

いかに5G技術を使いこなすかを決めるのはユーザーであり，社会のニーズであり，これまでの携帯電話の進化の歴史が証明するように5Gの利用方法は無限にあると考えていいだろう。

1-6　ビッグデータとAIの融合

ビッグデータとはインターネットやセンサー技術の急激な進展によ

り，これらが収集した膨大なデジタルデータのことで，巨大科学，金融，医療，気象予測，その他あらゆる分野に広がっている。世界中でのヒト１人当たりの情報容量は，直近10年で44倍に達すると予測される。

他方，AI の研究の歴史は古く1950年代にはじまっている。これに関して，わが国では，1980年代の第５世代コンピュータの研究が有名であるが，あまり大きな成果は得られなかった。それが2006年になり，ディープラーニングの登場と最近のビッグデータの到来により，研究レベルを超えて，社会全体に急激に普及した。その背景には，コンピュータの劇的な性能向上があげられる。

AI については，必ずしも決まった定義があるわけではないが，一般に人間の頭脳の働きをコンピュータで実現したものと考えられている。また，あらゆる問題に回答できる神様のような AI があるわけではない。まだまだ進化の途中と考えられる。

生活シーンでの AI 応用について広く知れ渡った例としては，米長永世棋聖（故人）などのトッププロ棋士を破った将棋ソフト，スマートフォンに内蔵されている音声アシスタントソフト，家庭用のスマートスピーカーなどがあげられる。

センサーやスマートフォンの劇的な普及により収集，蓄積された膨大なビッグデータは AI 技術を駆使することにより，新しい価値を創出する。スマートサプライチェーンの時代には AI とビッグデータを活用することにより，物流 IoT が発展することになるわけである。

1-7 進化する RFID 技術

IoT 社会を実現する有力な技術の１つが RFID である。

RFID とは ID 情報を組み込んだ RF タグから電磁波や電波等を用いた無線通信を介して非接触で情報をやりとりする技術を指す。

これによってモノは,「IDがあるもの」「IDがないもの」に分類されるが,「IDがあるもの」に関しては「バッテリーがないもの」「バッテリーがあるもの」にさらに分類される。

バッテリーがないRFIDの代表例には「パッシブタグ」がある。パッシブタグは,衣料品の店舗等における盗難防止や在庫管理のために世界中で大量に利用されており,生産原価も安くなっている。ただし,読み取り距離に限度があるため読み取り用のゲートなどが必要になる。またその場合の読み取り率は現状では97%程度である。ちなみに電磁誘導式のFelicaも,バッテリーがないタイプのRFIDの1つである。

一方,近年のRFIDの進化は目覚ましく,バッテリーを持ち自ら電波を発信する「アクティブタグ」でありながら長寿命なタグも開発,導入されている。

一例として,流通・物流向けの場合,リアルタイムの状態監視が可能な920MHz帯タグがある。この端末は,市販乾電池で10年以上の稼働が可能であり,リーダー(親機)との距離は最大で300m程度,かつ1つのリーダーで5万個のタグとの通信可能とする。

さらに,RFIDタグに内蔵された各種センサーの動きを捉えて,電波の送信間隔を制御することができるため,このタグを,物流用のパレットに搭載することにより,倉庫内外のパレットの管理が可能となる。

また,RFIDタグを荷物や資材に装着すれば,工場や倉庫への荷物の入庫,出庫の認識がリアルタイムで可能になり,業務改善や効率化が期待できる。RFID技術の進化により,物流現場のIoT化は一層の加速を遂げることになる。

1-8 勃興する近距離無線技術と位置情報

位置（「どこ」）情報と，時間（「いつ」）情報も同じく，ヒトやモノの状態を知るための重要なものである。位置と時間さえわかれば，原則，ヒトやモノは見つけることができる。ヒトやモノの位置情報を取得する方法は数多い。位置情報を取得するには，現在では，主に以下の４つの手段がある。

① GPS

GPS 衛星情報の利用が代表的な例といえる。詳細は１-10にて後述。

②携帯電話システムや PHS 等の基地局情報を利用

携帯電話システムの基地局 ID を利用して，携帯端末が繋がっている基地局の位置から，おおよその位置情報を取得することができるのである。また，PHS のようなマイクロセル方式（１つの基地局のカバーエリアが小さい方式）の場合は，さらに位置の精度が向上することが可能となる。

③無線 LAN や Bluetooth

無線 LAN や Bluetooth では，電波の届く範囲が限られているため，端末の位置を特定することが可能である。もちろん，工場内や建物内では，電波の反射があるため，あまり正確な特定は困難であるが，端末を増やせば，位置の精度を向上させることが可能になる。

例えば，Bluetooth にはいくつかの規格があるが，BLE と呼ばれる規格では，通信距離が10m前後であることから，同等の距離の測定には使うことが可能となっている。

④ NFC

通信距離が，数cmから１ｍ前後の近接型の通信方式を総称して，NFC と呼んでいる。その代表的な例が，交通系の定期券（例：Suica）などで使われている Felica である。

小売業界などで広く普及しているが，バーコードの代わりにIC タグとして利用されているパッシブタグは，電源が不要で価格も安く使いやすい。ただし近距離しか利用できない。読み取り操作は必要だが，位置特定端末としても利用が可能である。

このように位置情報を取得する方法は複数あるが，ニーズや利用環境（屋外／屋内）などに応じて，最適な手段を選択することが必要である。物流業務では，モノや車両の位置を把握するニーズが高いので位置情報と各種センサー情報を組み合わせ，離れたモノや機器の状態監視するサービスに注目が集まっている。例えば，輸送中の温度管理が必要な医薬品や生鮮食料品の見える化に活用可能である。

1-9 IoT プラットフォームと API

IoT システムのスピーディな構築には，多種多様なセンサー，端末や通信方式を接続できるオープンなプラットフォームが有効となる。

ロジスティクス領域においても同様で，顧客となる物流事業者や荷主企業が可能な限り低コストの初期投資で迅速にサービスを開始できるようにする必要がある。

このようなプラットフォームの技術的特徴は次のような項目になる。

- API の用意
- 自社や外部システムとのシステム連携
- クラウドを利用することによる運用コストの低減
- サービス管理者の操作の簡易化

すでに，製造業（遠隔監視，診断），運送業界（加速度センサーによる積荷監視，エンジンの油圧監視），農業（温湿度，CO_2 濃度分析），電力業界（スマートメーターによる発電量の監視）などで導入されている。

もう１つ重要な考え方が，APIである。APIとは，「自分（のシステム）」と「外部（のシステム）」が相互に機能を共有できるためのソフトウエアのしくみである。自分のシステムのソフトウエアの一部をインターネット上にオープン化することにより，外部のシステムからの利用を可能とする環境とインターフェースを構築するのである。APIを具備することにより，複数のアプリケーション同士で機能を連携することが可能になり，さまざまなサービスを容易に構築できるのである。

APIの代表例としては，Facebook API，Google Calendar API，Twitter APIなどがある。IoTプラットフォームを有効活用するためには多種多様なAPIを容易することが必要となるわけである。

1-10 GPSと準天頂衛星

GPSは地球の周回軌道上に配置された複数の衛星が発信する電波を利用し，その電波を受信する受信機の位置を計算し，表示するシステムである。最低でも4機の衛星の電波を受信できれば，受信機の位置は計算できるが，通常は精度を上げるために，10機以上のGPS衛星からの受信電波が必要となる。

大きなビルの陰や，地下街では，このような電波を受信することが難しいため，位置精度は劣化する。GPSは，スマートフォンやカーナビゲーション（カーナビ）に欠かせない機能であるばかりでなく，位置情報を使ったゲームも人気が高い。GPSは，今や生活に必要不可欠な存在といえる。

しかしながら，GPSはそもそも米国の軍事利用のために開発されたものである。そのため，先進国は，それぞれが使いやすい独自の衛星測位システムを開発している。

準天頂衛星は，わが国が開発したシステムで，GPSが見えにくい場所での位置精度を向上するために，日本のほぼ真上（天頂）を通る軌道を持つ複数の衛星を打ち上げたものである。これによってわが国における一層の位置精度を向上させることが可能となる。なお，準天頂衛星の軌道は8の字型であり，1つの衛星が日本をカバーするのは約8時間である。

1-11 国家戦略としての物流IoT

わが国では年々増大する物流の新しいニーズに対応するため，「強い物流」を構築すべく1997年に第1次総合物流施策大綱を閣議決定している。

強い物流を実現する新技術として，IoT，ビッグデータ，AI活用，を挙げている。施策の具体例は次の通りである。

- サプライチェーンの全体最適化
- クルマやトラックの隊列走行，および自動運転による運送の飛躍的な効率化
- ドローン（小型無人機）の物流事業への活用
- IoT技術を活用した船舶の開発，普及
- ロボットの導入による，物流施設の自動化，無人化

また，アジアを中心としたサプライチェーンのシームレス化，高付加価値化も重要である。例えば，国際標準化されたRFIDを活用すれば，国内だけでなく，国際物流においても，在庫日数や輸送コストの削減が可能になる。わが国のこれからの物流戦略においても，IoTはその中心となる新技術として認識されているのである。

少子高齢化，第4次産業革命，通販事業の拡大といった社会状況の変化は日本だけでなく，世界各国の先進国にとって共通の課題であるため，他国においても物流IoTに対する注目度はきわめて高いといえよう。

1-12 Wi-Fiと携帯電話

4GやLTEといった通信システムとWi-Fiは，無線通信という意味で一見類似しているが，実際は生まれも育ちも大きく異なる。

前述したようにLTEや4G，5Gはいわゆる携帯電話システムを指す。この携帯電話システムの大きな特徴は，その利用している電波（の周波数帯）が，それぞれの地域，国によって携帯電話事業者に付与されたライセンスバンドを使用していることである。そのため，複数ある携帯電話事業者はそれぞれ独自の周波数帯の電波を使用しているために，通話中に雑音が入りにくく，通信回線の品質が高い。もう1つの特徴は，携帯電話システムはWi-Fiに比べると基地局の送信する電波が高出力のため，1つの基地局で数百メートルから数キロの広いエリアをカバーできる。

他方，Wi-Fi通信は，許可の不要なアンライセンスバンドを使っている。また，電波の送信出力も小さいため，基地局（アクセスポイント）は安くて小型化が可能である。

技術的には相反する2つのシステムだが，一般ユーザーは知らず知らずのうちに両者の優れた特徴を生かした利用をしているのである。

Wi-FiはIEEEの国際標準化システムであり，世界中全ての端末に完全な互換性がある。利用者の立場になると，自分の所持している端末が世界中どこでも変更なく使えるので，たいへん優れた機能といえる。ただし残念なことに，携帯電話システムは，国ごとや事業者ごとに小さな差分があるので，Wi-Fiのような完全な互換性は担保されていない。解消策としては国際ローミングがある。

国際ローミングとは，日本で契約している携帯電話事業者Aの携帯電話を海外で利用する際には，この日本の携帯電話会社Aがその国でサービスを提供している携帯電話会社Bから回線を借り，その契約者にサービスを提供する仕組みである。これにより，海外にいても自国で契約した自分の携帯電話をそのまま利用できる。通信料金については，その国の携帯電話会社Bから，日本で契約している携帯電話会社Aを介して請求がいくので利便性が高い。

1-13 進化する地図情報

現在のICT社会を支える重要な技術の1つとして，デジタル地図情報がある。

江戸時代，かの伊能忠敬は，50歳を過ぎてから日本全国を徒歩で17年かけて測量し，全国地図を完成させた。21世紀の現在においても，地図の作成には基本的にはその手法が踏襲されている。

大手地図会社は，膨大な人的リソースをかけて，徒歩調査で得られた地図情報をベースに，衛星からの画像情報や専用車両を利用した調査を行い，地図コンテンツの整備や更新を日夜行っている。

デジタル地図情報は，以下のステップで作成される。

①徒歩調査

↓

②専用車両等による調査

↓

③地図情報の整理

↓

④情報の入力と管理

重要なことは，こうして得られた地図情報は，完全にデジタル情報として，格納・処理されていることである。デジタル化により従来の印刷出版物としての地理情報だけでなく，スマートフォン，WEB，カーナビと利用シーンは大幅に拡大し，まさに生活インフラとしての地位を確立した。

そして，現在は地図データの３次元（３D）化も進んでいる。カーナビでは，地図を立体的に再現することにより，運転者にとってよりわかりやすい表現になっている。また，国土地理院は，最近の３Dプリンタの普及を考慮し，立体地図を作成できるサービスを提供している。

さらに，３次元地図は地形や地表，交差点等の様子を直観的に理解しやすいため，防災や教育にも使われている。３次元地図は，これ以外にもゲーム，建築，土木設計，不動産の販促，映像向け等，用途は幅広い。

デジタルコンテンツである地図情報に，さきに説明したAPIが用意されていると，地図ユーザーは，以下のような希望を実現できる。

- 手軽にアクセスマップを作りたい
- お店や会社までの経路を知りたい
- 地図を使ったソリューションを開発したい
- 開発費用を安くおさえたい
- 日本語だけでなく，多言語対応したい

また，API利用によりスマートフォン向けにさまざまな地図コンテンツが提供されている。

- 歩行者ネットワークデータ
- 帰宅支援地図データ
- 山歩きデータベース
- 外国語データ
- 渋滞抜け道データ

デジタル地図コンテンツは，近年の次のようなビジネスモデルとの連動も踏まえて重要性を高めていくことになる。地図情報を生かすことでいずれのビジネスモデルもさらなる高度化が実現できるということになる。

①自　動　運　転：自動運転システムには，正確で緻密な３D地図コ

ンテンツが必須である。

②配車アプリ：配車アプリには，利用者の位置情報と近隣に所在する空車のマッチングは地図が必須。

③ドローン：飛行中のドローンの位置を知るためだけでなく，ドローンを使った地図の作成もできる。

④ SNS・ゲーム：位置情報を使った人気ゲームアプリも普及が加速してきた。移動距離に応じてポイントを競うもの，訪問したお城や名所にてアイテムを獲得するものなどのゲームも提供されている。

2 スマートサプライチェーンの設計

2-1 スマートサプライチェーンにおける情報武装

サプライチェーンの実働部隊ともいえる物流・ロジスティクス領域の6大機能として，輸配送，保管，荷役，流通加工，包装，情報があげられるが，従来はこの中でも輸配送の位置付けが他の5機能に比べても格段に大きいといわれてきた。実際，物流・ロジスティクスの根幹部分はトラック運送に代表される輸配送部門であり，輸配送ネットワークや輸配送コストに重きをおいて物流・ロジスティクス戦略を構築する必要もあった。

しかしながら，スマートサプライチェーンの設計を考える場合には，まずはその主役に情報が来るということを強く認識しておく必要がある。とくに，後述するロジスティクス4.0以降の戦略物流の進化バージョンでは，「サプライチェーンをいかに情報で武装していくか」というコンセプトが重要となっている。パレット，コンテナなどはIoT化され，自動倉庫やTMS，WMSについては機械学習のプログラムが組み込まれてAI化が進み，受発注帳票処理などについてはRPAが推進されるといった具合である。さらにいえば輸配送ネットワークについては4G，5G環境が下支えとなる情報ネットワークとのリンクが原則となる。

したがって，スマートサプライチェーンの設計にあたっては，生産・流通・販売などの現場のオペレーションをいかに情報ネットワークに紐付けしていくかということが大きなポイントとなる。例えば，物流現場におけるパレットの活用について，その特性とオペレーションの流れを念頭においたうえで，IoTとのリンクを介して位置情報，出荷情報，在庫情報などのKPIを把握していくシステムの構築が望まれるのである。

2-2 スマートサプライチェーンにおける要件定義とRFP

初めてシステム開発を担当する技術者にとって，要件定義とRFPの目的と狙いを理解することはきわめて重要である。

要件定義とは，システム開発において，機能や性能を明確にする一連の工程のことで，通常はユーザーと開発サイドが双方で合意した内容を，要件定義書として確認する。

具体的には制作の背景，目的，システム全体の概念図，開発体制，スケジュール等をきちんと納得がいくまで詰めてドキュメント化することであり，これが大切である。また，言葉の定義についてもきちんと意識を合わせる必要がある。開発のプロジェクトで失敗するケースの原因の多くは，この要件定義がきちんと完成していないことがあげられる。

RFPとはユーザー（発注側）が作成する提案依頼書のことで技術的な仕様はもちろんだが，通常は複数の開発会社に提示するので，納期や調達条件なども記載する必要がある。

いずれにしろ，開発を成功させるためには，これらのドキュメントをきちんと完成させることが重要なことはいうまでもないが，そのためには，両者がしっかりとコミュニケーションをとる必要がある。面と向かって話すF2Fの打ち合わせや開発メンバーの日常的な相互交流などが成功の要となることも多い。

2-3 スマートロジスティクス—物流とIoTの融合—

グローバル環境において，IoTの進化により得られたビッグデータを駆使することで劇的に産業現場の生産性を向上する第4次産業革命とも呼ばれる「Industry 4.0」などの構想が進み，物流・ロジスティクス領域においても，IoTの進化により省人化，標準化が進展した。物流・ロジスティクス業務が装置産業化する構想は「Logistics 4.0」とも呼ばれた。図表2－1にLogistics4.0構想の一例を示す。

IoT化が進むことにより，在庫管理，ロケーション管理，入出力管理，労働環境の改善などが実現できる。さらに作業する人の労働生産性の向上に繋がると注目されているアシストスーツやサポートジャケットも重要な取り組みである。また，出荷，入荷の動きをリアルタイムに把握したり，貨物追跡を可能にしたりするセンサーや位置情報測位技術もLogistics 4.0以降では大きく注目されている。さらにいえば物流センターなどでは，作業員やフォークリフトによる作業の安全性向上のためのドライブレコーダー，省力化のための自動搬送装置の導入も進んできた。

工場で生産された部品，製品などは，トラック，鉄道，船舶，航空機などで，目的地まで輸送されるが，その過程での貨物の位置やステイタスをリアルタイムにモニターするニーズも高い。例えば，移動中になんらかの理由で破損や遅延があった場合は，すぐにその原因や位置が特定できるため，納期の短縮や移動中の品質の維持に役に立つことにもな

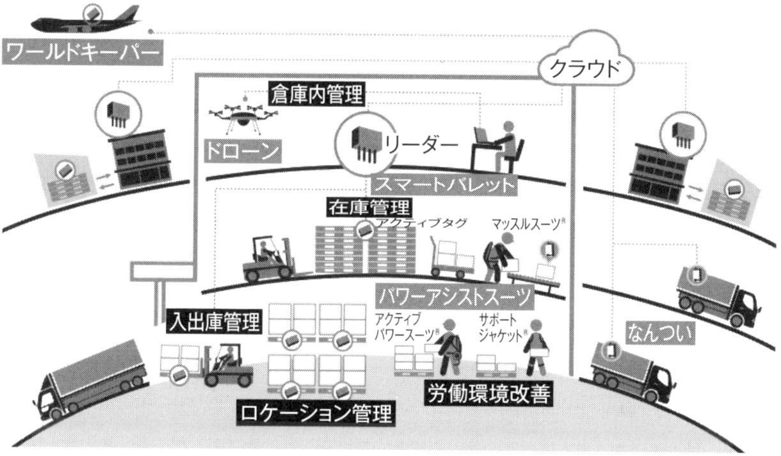

図表2-1　Logistics 4.0 構想
出典：ユーピーアール社の HP（http://www.upr-net.co.jp）より

る。

もちろん，モノの流れは国内にとどまらないため，モバイルシステムや衛星通信システムなどの利用により，グローバルレベルでの状態監視サービスの運用が可能になる。物流現場をトータルに IoT 化するためには，多様なソリューションが必要となるわけである。

また，こうした流れのなかで「サプライチェーンの司令塔」として位置付けられている物流センターのスマート化もここにきて大きく加速している。

2-4 各種 IoT 無線デバイスの進化

物流 IoT の実現には，長時間電池寿命と広い通信距離という，2つの相反する項目を両立させる無線端末が必要になる。なぜなら物流・ロジスティクスの現場は頻繁な充電ができる環境にないにもかかわらず，一旦機器を設置したら，電源は付けっ放しということが多くなる。したがって，通信端末やセンサーはバッテリー駆動が必須で消費電力の大きいソリューションは使うことができない。モノの使用寿命は通常５年から10年とみるので，最低でも５年使える長時間電池が必要とされる。

一方，通信距離が短いと膨大な数量の通信端末やセンサーが必要となり，初期導入や運用の維持コストが上昇し，経済性が成り立たない。標準的な物流センターなどの大きさを想定すると，少なくとも100～300mの通信（範囲）はほしいところである。

通信品質や読み取り精度も重要である。情報を読み取るために，通信頻度が多くては，バッテリーの消費電力が増大してしまう。

これらの複数の相反する要求条件を実現するため，加速度センサーにより動作モードを判断し，電波を適応制御する高度な制御アルゴリズムを搭載することにより，市販乾電池で寿命10年を実現したアクティブRFIDタグが開発されている。

ZigBee（IEEE 802.15.4）は，元々電力メーター（スマートメーター）用の規格である。わが国では，2012年に電波法が改正され，920MHz帯が免許不要局としての運用が可能となったため，このZigBee用の無線チップが利用しやすい。そのため，ZigBee用の無線チップに独自のプロトコルを搭載し電池寿命10年以上，通信距離300m以上の無線デバイスが開発されている。この技術により大手パレットレンタル会社によって，数十万枚の物流用パレットやカゴ台車などにこのアクティブのRFIDを装着され，パレットなどのリアルタイム在庫管理が可能となっている。

2-5 求荷求車の活用

トラック運行に深い関わりのある輸配送領域では近年，多くのビジネスモデルが誕生しているが，その流れのなかで運送業界の必須ツールとして定着した求荷（貨）求車システムはその象徴的な存在である。求荷求車システムとはインターネットなどを介して，トラックと荷物のマッチングを行うシステムである。

トラック輸送を行う場合，往路には貨物があっても復路には貨物，すなわち「帰り荷」がないケースがある。共同輸配送などを推進し，帰り荷をあらかじめ確保することができれば問題はないが，そうでない場合，トラックの運行の無駄を減らせるための環境対策の視点からも重要になる。そこで求荷求車システムの活用が図られてきた。

この求荷求車システムでは，ネット上などの登録情報から自社が利用したい貨物車両情報や運びたい貨物情報を検索，あるいはオークションによって空きトラック情報や貨物輸送のニーズを掌握することができる。荷主企業にとっては必要な輸送手段の確保や輸送コストの削減も容易になる。さらにいえば，物流事業者にとってはビジネスチャンスの拡大や輸送効率の向上にも繋がるわけでもある。

例えば，発荷地点のA地点から着荷地点であるB地点まで運送する場合，B地点で荷卸しをしたあと，A地点までの帰路は通常は空荷になる。しかし，B地点でA地点までのトラックを探している顧客がいれば，もともとは空荷で戻る予定だったトラックが荷物を積んで帰れるようになるわけである。帰り荷ということであれば運賃も比較的安くてもコスト面でマイナスにはならない。

集荷ルートが複雑な場合，その策定に時間がかかることもある。その際に力を発揮するのがTMSである。

トラックの実車率や稼働率，積み合わせ，帰り荷の獲得などに加え

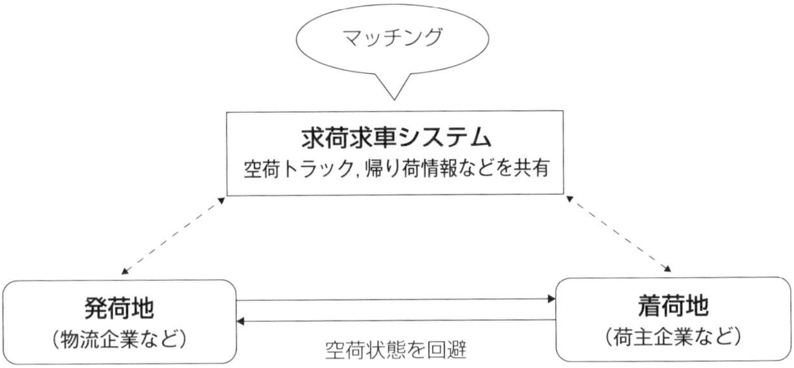

トラックの復路が空荷ではなく帰り荷を得ることができるようにする。求荷求車サイトなどからの情報を活用。

図表2-2　求荷求車のしくみ

て，安全管理，労務管理，温度管理なども可能になる。各拠点での一連の作業の開始から終了までの状況を運行管理者に知らせてくれるシステムを備えているものもある。全車両の管理，輸配送の進捗状況管理，運転日報の作成，アイドリング時間の累計などを管理することができる。

無論，求荷求車システムの取扱う出荷情報，輸配送情報などの諸データはビッグデータ時代の流れのなかで，スマートシティなどの都市のインテリジェント化に結びつこうとしている。

さらにいえば，4G，5G環境を活用することによって，ロジスティクス支援システムの情報武装はこれまで以上に大きく進化していくことになる。これまでトラックの正確な位置情報と求荷情報のマッチングにタイムラグが生じてタイムリーな対応ができずに，電話などのアナログ手段に頼ることもこれまでは少なからず生じていた。しかし，トラックや貨物の位置情報をリアルタイムに正確に把握できるようになる技術が確立してきた現状を踏まえると，今後，飛躍的にシステム全体が進化する可能性が出てきた。求荷求車システムが4G，5G環境のもとにバージョン5.0へのグレードアップを成し遂げる条件がそろい始めてきたのである。

なお，求荷求車システムの代表的な企業や事業としては，トラボックス，トランコム，キューソー流通システム，Web KIT，ロジボンなどがあげられる。例えば，トランコムは空車情報と貨物情報のマッチングによる求荷求車システムを全国に配備された情報センター，約1万社以上のパートナー企業によって実現している。ここでは，車両を探している会社と貨物を探している会社をマッチングするしくみを構築している。このしくみにより，自社トラックなどだけでは間に合わない繁忙期や，逆にトラック需要が小さい閑散期などの波動にもうまく対応できることになる。

ちなみにスマートフォンの普及をベースに，各種マッチングサービスが世界中で拡大している。代表的な例が，Uber などのタクシー分野，Airbnb などのホテル客室などがあるが，それ以外にもあらゆる分野で枚挙にいとまがない。

これらの B2C 対応のマッチングサービスに加え，物流・ロジスティクス領域においても B2B 対応のマッチングサービスに注目が集まっている。

一例としては，パレットなど物流用機材のマッチングサービスがあげられる。同サービスでは，まずネット登録をしたユーザー企業が，自社保有の余剰なパレットや物流関連ツールなどをマッチングサイトに登録する。他方，借主は，自社が不足している物品をこのサイトを用いて検索する。双方で合意が得られ，マッチング（契約）が成立すると，その料金をサイト運営会社に支払う。運営会社は一定の手数料を徴収し，貸主に料金を支払うしくみである。

いわゆる物流におけるソーシャルシェアリング（社会的共有）の推進であり，ロジスティックスネットワークを融合させていくことで相乗効果を高めていくのである。今後こうしたシステムの需要がさらに高まっていくことになると考えられる。

2-6 物流における標準化—パレットの標準化—

パレットの種類などについてはJISにより詳しく決められて，規格化されているが，わが国で使用されているパレットは数百種類にのぼる。

パレットの寸法に関しては，わが国では幅1100mm×長さ1100mm「イチイチパレット」が主流となっている。しかし，国際的には1000mm×1200mmや，800mm×1200mmの「ユーロパレット」など，長さが1200mmのタイプ「イチニイパレット」が多く使われている。また，業界によっては製品の大きさなどの問題からイチイチパレット以外のパレットが慣例的に使われることも少なくない。したがって，業界のデファクトスタンダードと自社の物流システムの効率を踏まえ

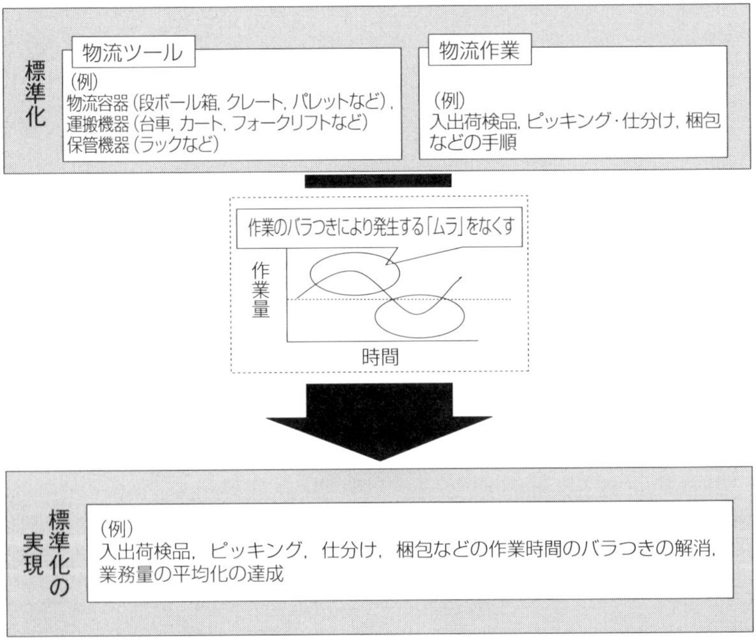

図表2-3　標準化のポイント

日本国内では幅1100mm×長さ1100mmの「イチイチパレット」が主流となっているが，国際的には1000mm×1200mmなどの「イチニイパレット」が標準的に扱われている。

種類	幅×長さ×高さ	仕様	備考
11型木製パレット	1100×1100×144 (mm)	両面二方差	JIS規格
12型木製パレット	1000×1200×144 (mm)	両面二方差	JIS規格
13型木製パレット	1100×1300×144 (mm)	両面二方差	JIS規格
14型木製パレット	1100×1400×144 (mm)	両面二方差	JIS規格
25型木製パレット	1200×1500×134 (mm)	両面二方差	JIS規格
11型プラスチックパレット	1100×1100×150(mm)	片面四方差	ハンドリフト対応
11型プラスチックパレット	1100×1100×144 (mm)	片面四方差	自動倉庫対応
12型プラスチックパレット	1000×1200×130 (mm)	両面二方差	冷凍・冷蔵対応
12型プラスチックパレット	1000×1200×150 (mm)	片面四方差	ハンドリフト対応
13型プラスチックパレット	1100×1300×132 (mm)	両面四方差	袋物・製ビンの積付に対応
14型プラスチックパレット	1100×1400×144 (mm)	両面二方差	袋物の積付に対応
14型プラスチックパレット	1100×1400×140 (mm)	両面二方差	自動倉庫対応
15型プラスチックパレット	1150×1500×145 (mm)	両面二方差	
ビールパレット	1100×900×140 (mm)	片面四方差	ビール業界対応

図表2-4　パレットの種類と用途

出典：ユーピーアール社の HP（http://www.upr-net.co.jp）をもとに筆者作成

て，パレットの標準化を行う必要がある。

パレットの標準化のポイントとしては，以下の3点があげられる。

①両面差し／片面差しの選択

パレット単位の荷姿ではフォークリフトによる荷役が原則となる。しかし，フォークリフト免許の取得者が少ない場合などは，免許なしでも運搬ができるハンドリフトを導入することになる。ただし，ハンドリフトは片面差しのみで使用可能で，両面使用のパレットには対応していない。したがってその点を踏まえて，片面使用にするか両面使用にするか，使用タイプを統一する必要がある。

②イチイチ／イチニイの選択

国内貨物に対してはイチイチパレットが主流となっているが，輸出貨物についてはイチニイパレットが標準となっている。国内貨物の場合，やみくもにイチイチパレットを導入せずに自社の製品特性を踏まえてパレット寸法を決める必要もある。例えば，飲料水業界では1100mm ×900mm の「ビールパレット」が，製糖・精米業界では1400mm ×1100mm の「イチヨンパレット」が使われることが多い。また，自動倉庫を多用する場合にはプラスチック製よりも木製のほうが“たわみ”が小さいという理由で重用されるケースもある。

③輸出貨物への活用

輸出貨物については木製パレット上に貨物を載せ，ストレッチフィルムなどで荷姿を固定する「パレット梱包」が行われることが多い。パレットはワンウエイの使い捨てとなることが多い。コンテナの寸法との兼ね合いから「イチニイパレット」が使われることになる。

2-7 スマートサプライチェーンにおける標準化・平準化

標準化・平準化はさまざまな分野で行われているが，ロジスティクス領域についても各作業者間で発生するバラつきを最小限に抑えることが可能になる。標準化を進めることで工場における入荷，ピッキング，仕分け，梱包，出荷といった一連の物流工程の平準化が可能になるのである。

標準化を行うに当たっては，①分類化，②単純化，③統一化の３原則を念頭に置くとよい。

①分類化

大型・中型・小型などのように分類を行うことは標準化を進めるうえで重要である。複雑に存在する品目や手法を整理し，場合分けすることにより使用しやすくなる。

②単純化

標準化を行うに当たっては，多くのものが複雑なかたちで存在することは避けなければならない。すなわち数や品目をできるだけ少なくする必要がある。

例えば，パレット作業の標準化を行う場合，パレットの種類が多く，材質なども多岐にわたれば作業効率は悪化する。したがって，できるだけ数や種類を少なくすることが，わかりやすくなることに繋がる。単純化や少数化を図ることで標準化が容易になるといえよう。

③統一化

単純化をさらに進めて統一化することにより標準化が実現できる。複数のやり方や，いくつかの種類が選択肢にあれば，使用者はそれぞれ自分の好みの方式や種類を選ぶことになり，足並みが揃わない。統一化を行うことでそうした足並みの乱れを防ぐことができる。

サプライチェーン全体で発生しているさまざまなバラつきをIoT武装，AI武装を強化することで標準化・平準化を進めていくことでスマートサプライチェーンの基本的な設計図が出来上がってくるわけである。

2-8 RPAの活用

2-1にて簡単に紹介したが，企業がパソコンなどを用いて行う作業をソフトウエアの活用などにより，自動化・省力化することをRPAという。

RPAはAIとは異なり，プログラムが自律的に状況に対応するということはない。機械学習を行い，経験をもとに学習していくこともない。しかし，単純な入力作業や帳票などの作成など，意思決定を必要としない定型かつ反復作業となる膨大なルーチン業務への活用が注目されている。

もちろん，プログラミングやITに関する専門的な知識を持つ技術者でなくても，RPA専用ソフトウエアを用いて，担当者レベルで低コストでルーチン業務の自動化を実現することができるのである。ただし，大量のルーチン業務をこなさせるという特性を考えると，業務の標準化は必須の条件ともいえる。事務ベースの業務でいえば，データの検索・集計・加工・登録・報告などへの導入が想定される。例えば，物流センターにおけるピッキングリストの作成をはじめ，一連の受発注業務や商品管理業務などの効率化に威力を発揮する。

また，AIとは別物ではあるが，「AI化への入口」とみなす向きもある。すなわち，ルーチン業務がRPAにより自動化されている現場環境は将来的なAI管理を導入するうえで，きわめて好都合な環境とも考えられるのである。つまり，5Gさらには6G時代のRPAにおいては，望むべき業務達成目標を入力すれば，AIが達成までのプロセスを自動生成するようになると考えられている。目標達成までの業務プロセスが複雑で相当に長いものであっても，AIがそのプロセスを最適化するのである。

2-8-1　導入のメリット

RPA導入のメリットを整理すると次のようになる。

①ヒューマンエラーの撲滅

単調で莫大な量に及ぶ反復性の高い作業をミスなく行うことができるため，「繰り返しの定型業務でありながら作業ミスが発生しやすい」といった場合，導入により大きな効果が期待できる。人間の作業者ならば避けられないヒューマンエラーやケアレスミスが発生するリスクがない。例えば，取引先関係の名刺をスキャンして，顧客管理システムに登録するといった作業をミスなく長時間にわたって行うことが可能である。

②単純作業の自動化を実現

大量の単純作業の処理を継続的，かつ迅速に行うことが可能になるので，これまでその作業に従事していた人員をより専門的な業務などに割当てることも可能になる。実施すべき時間帯が決まっている作業で「どうしてもその時間帯に事務処理をする担当者を割り当てなければならない」といった単純な事務作業はRPAに任せて自動化することができる。その結果，人員配置の柔軟性も高まる。

③人件費などのコスト削減

自動化を推進することで人件費を大幅に削減することができる。例えば人間に代わりに，夜間，深夜などにも大量の伝票処理やデータ取得などを行わせることも可能になる。また，クラウド型のRPAツールを活用することで，初期投資も比較的，安価で済ませられる。

2-8-2　導入に際してのリスクと対策

事務ベースの業務における，RPA導入に際して，次のようなリスクや想定されるトラブルなどについても十分認識しておく必要もある。

①現場の不信感・経営陣の無理解

例えば，せっかく導入したものの，「現場が使いこなせず，結局，人力に頼っている」といったケース，あるいは経営トップが「導入すれば余分なスタッフは一切いらないはずだ」といった具合にRPAシステムへの極度の依存方針を打ち出すケースなど，RPAを使いこなせない現場やその特性に理解のない経営陣などの存在が大きな障壁になることも考えられる。

②システム停止の際のサポート体制の充実

人間のスタッフと異なり，停電やシステムトラブルなどが発生すれば，RPAは停止する。万が一のケースを想定して，バックアップできるスタッフを確保しておく必要もある。

③自動化による作業のブラックボックス化

導入当初はともかく一定期間が経過すれば，RPA 任せにすることで，「どのような作業が行われているのか」ということが次第にブラックボックス化するリスクがある。

④継続的な手順ミスの発生

導入に際して要件定義に誤りがあったり，作業手順の設定ミスなどがあったりしても，完全自動化の状況の中では発見が遅れる恐れがある。間違った手順の間違った処理を途中で止めることなく継続してしまえば，大きな損害を発生させてしまうことになりかねない。ただし，この点に関しては将来的には AI の一種である機械学習をうまく組み込むことで克服されることになるかもしれない。

⑤クラウドなどからの情報漏洩・流出のリスク

初期導入コストが安価なクラウド型の RPA ツールなどの場合，受発注データ・顧客データなどの外部への漏洩や流出のリスクが全くないとはいえない。十分な情報セキュリティ対策も必要になる。

以上の対策としては「社内コンセンサスの徹底」「作業標準化の徹底と運用ルールの設定」「情報セキュリティポリシーの策定」が主としてあげられる。

RPA の概要，機能や導入効果などについて，社内でしっかりとした情報共有を行い，コンセンサスを得ておくのである。そしてそのうえで作業標準化の徹底と運用ルールの詳細な設定と綿密な情報セキュリティポリシーの策定を行う必要がある。

とくに作業標準化の徹底は RPA 導入には不可欠といえる。システム停止に際しての作業スタッフの投入，自動化によるブラックボックス化の回避，継続的な手順ミスの発生抑制などは標準化が徹底されていれば，システム停止に際しても代替スタッフの投入やトラブルの原因究明などがしやすくなる。また，クラウド化などによるウエブ経由の情報漏洩・流出に関しては，情報セキュリティポリシーをしっかり策定することで不正アクセスなどにも迅速に対応できるようにする。

どのような流れでどのような点に気をつけて作業を行う必要があるのかを念頭に社内コンセンサス，作業標準化，情報セキュリティポリシーを整えておくことがスムーズな導入のための前提条件といえる。

3

スマートサプライチェーンの構築

3-1 スマートサプライチェーンの構築の背景

「サプライチェーンの川上から川下までの情報を多企業間で共有し，必要なモノを必要なときに必要なだけ供給する」という SCM の原則は，情報インフラの発達やロジスティクスを中軸とするサプライチェーン全体の効率化が進み，自動車，食品，日用品，医薬品，アパレルなどで程度の差こそあれ，尊重され，実践されてきた。また第 2 フェーズとして，環境に配慮したグリーンサプライチェーンについても構築が進められてきた。

そして今，SCM はその構築における第 3 フェーズとして，サプライチェーン全体におけるスマート化に進み出している。

SCM の構築においては，「サプライチェーンの川上から川下」，すなわち製造業から卸売業，小売業，さらには最終消費者に至る一連の流れにおいて出荷情報や在庫情報を共有し，精緻な需要予測を行うことが重大なミッションとされた。しかしながら需要予測の精度を完全無欠のレベルにまで高めることは難しかった。

だが，ここにきて需要予測の精度を従来レベルから大きく引き上げる環境が整いつつある。その実践面ともいえる技術の発達はこれまでの第1・2章ですでに紹介してきた通りであるが，理論的な裏付けの1つとして，ビッグデータの分析を容易にし，AI化のアクセルともなっているベイズ統計学の再評価がある。AIの根幹をなす理論といっても過言ではない。

ベイズ統計学は，人工知能や機械学習と相性がよいとされる主観確率を扱う統計学である。取得したデータから確率を更新していく「ベイズ更新」などにより，データを追加したり，再学習したりすることで精度を自ら向上させていく。

さらにいえば，Pythonのような，ベイズ統計学，人工知能，機械学習などと相性がよいということで注目を集めているプログラミング言語が発達し，プログラムを明確に，少ないコード行数で書くことでAI技術の活用によるスマートサプライチェーンの構築をバックアップするシステム面での対応も進みつつある。

またプログラミング技術でいえば，アンサンブル学習の発達が大きく寄与している。アンサンブル学習とは，異なるアルゴリズムを用いた評価について多数決をとる方法である。異なるアルゴリズムの長短所を融合させることによって，未学習の予測能力を向上させるのである。将棋

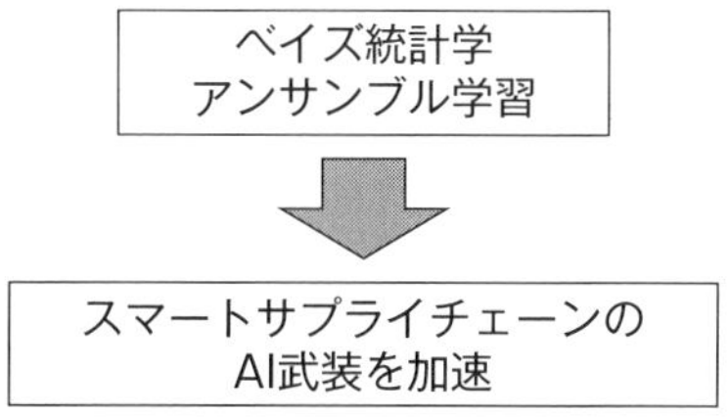

図表3-1　スマートサプライチェーンにおけるAIの活用

ソフトなどの発達の起爆剤としても知られているが，需要予測などの精度の向上にも活用できる。

このように，スマートサプライチェーンを構築するうえでの概念面，ソフト面での武装も十分に進んできている。

3-2 需要予測の方法と在庫レベルの設定

生産計画・物流計画・販売計画を策定するにあたっては，商品がどれくらい必要とされているか，すなわち需要予測を行う必要がある。需要予測の方法には，過去の入荷実績などをもとに予測する移動平均法や指数平滑法などが知られている。

また，統計モデルなどで算出された定量的な需要予測に，定性的な視点からの補正を入れることも実務ではよく行われる。さまざまな判断基準に照らし合わせると定量的な予測値では満足できないケースが実務上は発生することが多く，その場合，定性的な配慮を加えて予測値を補正・修正していく。

在庫レベルを設定するに際しては，対象となる商品が過去どれくらいの販売実績，出荷実績などがあるのかを確認する。商品特性により販売実績，出荷実績のスパンは異なってくるはずだが，例えば週単位でどれくらい売れているのか月単位ではどれくらいになるのか，といった具合に，ある特定期間の売上実績や入荷実績をもとに定量的な数理統計モデルなどを用いて予測値を算出する。

さらに近年は，ベイズ統計のコンセプトを生かして，「購買履歴」などから次のサイクルの需要を予測する傾向が強まっている。ベイズ統計の取得したデータから確率を更新していくベイズ更新などにより，データを追加したり，再学習したりすることで精度を自ら向上させていくのである。また，ID-POSデータという「だれに売ったか」，「だれが買っ

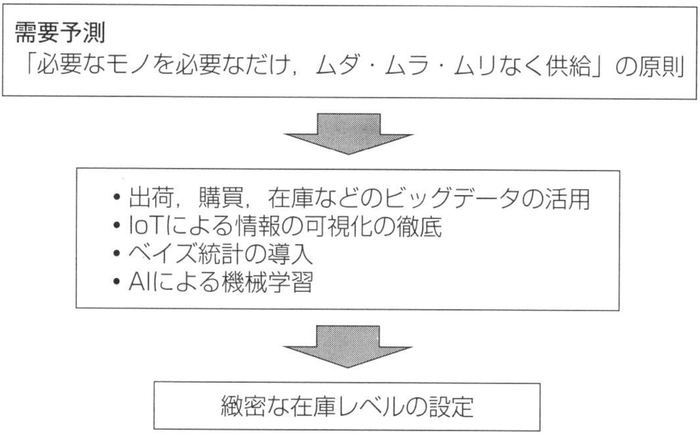
需要予測
「必要なモノを必要なだけ，ムダ・ムラ・ムリなく供給」の原則
• 出荷，購買，在庫などのビッグデータの活用
• IoTによる情報の可視化の徹底
• ベイズ統計の導入
• AIによる機械学習
緻密な在庫レベルの設定

図表3-2　緻密な在庫レベルの設定

たか」を明らかにし，購入者を識別できる POS データの活用も進んでいる。ネット通販企業が ID-POS データを有しているが，リアル店舗でもポイントカードの普及で取得率が上昇している。

これらのデータと IoT や AI の導入とのリンクにより，需要予測や商品在庫レベルの設定をより綿密に行うことが可能になるのである。

3-3　スマート化される物流施設

英語ではウエアハウス（warehouse）で総称される物流施設だが，日本語では多くの呼称が存在する。物流センター，流通センター，ロジスティクスセンター，フルフィルメントセンターなどがその主なものとしてあげられる。

ウエアハウスの基本的な機能は，生産と販売を結ぶ軸としての働きである。庫内作業を円滑に進め，生産から最終消費にいたる諸情報をサプライチェーン全体で共有するための中心拠点となることが求められてきているのである。

ウエアハウスの基本機能はミクロ的機能とマクロ的機能に分類できるが，今後，そのどちらもスマート化が急速に加速する見込みである。

ミクロ的機能とは，庫内作業におけるウエアハウスの機能である。生産拠点から商品を受け入れ，入荷作業を行い，次いで入庫から保管，ピッキング，検品，梱包，出庫，配送と続く一連の庫内作業である。最新のウエアハウスでは，こうした庫内作業をできるだけスマート化する方策がとられている。自動倉庫の導入，デジタルピッキングの高度化，梱包の簡素化，作業効率をアップさせるための IC タグ（非接触タグ）の導入に加え，IoT とのリンク，AI の活用，物流ロボットの導入などが推進されているわけである。さらにウエアハウス機能全体を AI で制御する「無人化」の動きも加速してきている。

マクロ的機能とは，ウエアハウスの拠点集約などの物流拠点戦略，立地ロケーション，サプライチェーン全体での情報化の促進，ウエアハウスの外観のデザインや庫内のロケーション，レイアウト，さらには物流施設の流動化，証券化の展開などといったウエアハウス自体の立地や連携といった倉庫としての機能を指すが，こちらについても最新物流施設の新設に際して，スマート化に対応できるインフラが用意されるようになってきている。例えば，物流不動産開発大手の日本 GLP は，物流スマート化の流れのなかで物流施設起点の配送効率化サービスの開発を発表している。さらに，走行データからの運転特性分析サービス行うスマートドライブ社などと提携する。

現代物流において，ミクロ的にもマクロ的にもウエアハウスの機能は増幅の一途をたどっている。そのためウエアハウスの機能はますます複雑になってきているが，スマート化を進めることで複雑化する庫内外環境を整備していこうというわけである。そして，その結果スマートサプライチェーンの構築において，スマート化機能がリンクされたウエアハウスが誕生しているのである。AI や数理最適化技術をマテハン機器や

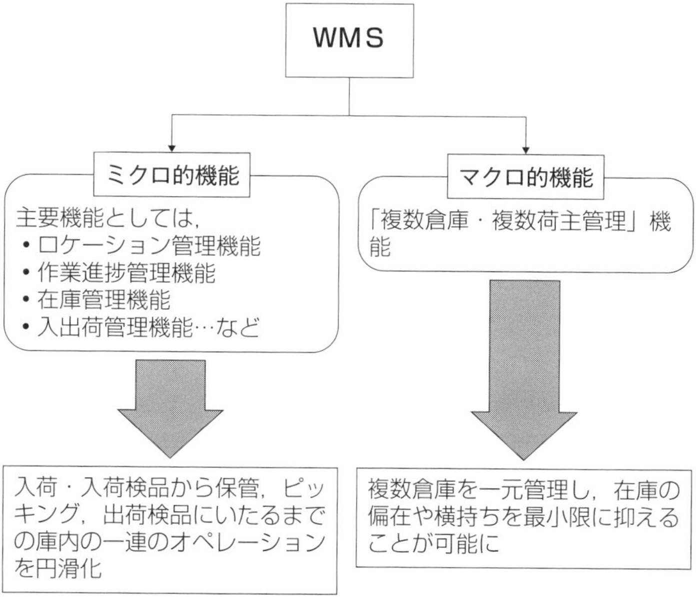

図表3-3　WMS の機能

WMS に活用することで高度なレベルでの効率化を実現するのである。なお，WMS とは物流センターにおける一連の業務などについて，図表3-3のようにステイタス（状態）やプロセス（進捗状況）を可視化し，管理する情報システムのことである。

次世代型ウエアハウスで注目を集めているのは，物流ロボットの導入や AI による需要予測の綿密化やロボット配置の指示，さらには無人フォークリフト，無人搬送装置や棚卸ドローン，アーム型ピッキングロボットなどとのリンクである。5G 環境での画像解析を棚卸や検品システムに活用する可能性も高い。

また，物流施設を起点としたトラックと貨物のマッチングサービスもこれまで以上に高度化することになる。例えば，庫内の入出荷作業で貨物の優先順位などの従来は人間が判断していた作業プロセスを，AI で最適化する可能性が検討されるようになってきている。いわゆる機械学習に関連するアルゴリズムなどを作業分担などの最適化に活用していくわけである。

加えて，スマートフォンを庫内作業端末として活用するなどの試みもここにきて大きく進展している。つまり，スマートフォンから在庫情報，入出荷情報などや庫内作業の進捗状況のチェックなどを可能にし，さながらWMSのコンパクト版ともいえる機能を有させることも可能となってきているのである。

3-4 配送問題の課題解決手段としてのスマート化

トラック運送を効率化する情報システムとしては，TMSが代表的である。TMSは積み付け計画，ルート計画，トラック位置情報システム，貨物追跡，配送コスト・実績の分析などの機能を備えている。

近距離輸送などのトラック輸送コストを削減するためには，集荷ルートを緻密に設計しておく必要もある。集荷ルートが非効率的である場合，トラックの車両台数が必要以上に増えてしまうことがあるからである。

また，TMSを活用することで「納品遅れ」も回避できる。納品遅れの主な理由としては，「輸配送ルートが的確でない」，「貨物状況が把握できない」，「トラック車両のアイドリング時間が長い」などが考えられる。それゆえ，TMSの活用で「輸配送リードタイムを短縮し，必要なときに必要なモノをムダ・ムリ・ムラなく納入する」ということが重要になってくるわけである。群知能アルゴリズムなどを活用する特許出願なども行われている。

そしてTMSはここにきて，スマートシティとの連動性を強め，さらに機械学習機能などのAI武装が進み出している。位置情報，地図情報

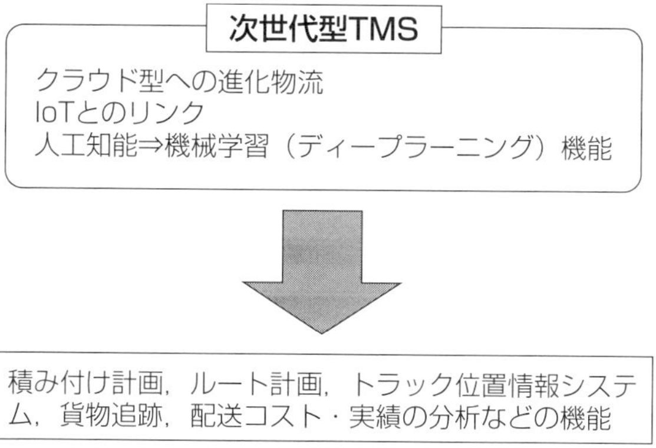
次世代型TMS
クラウド型への進化物流
IoTとのリンク
人工知能⇒機械学習（ディープラーニング）機能
積み付け計画，ルート計画，トラック位置情報システム，貨物追跡，配送コスト・実績の分析などの機能

図表3-4　TMSの機能と発展

とのリンクなども期待されている。

輸配送ルートの最適化に際して，渋滞情報や事故発生率，積載率，トラック稼働率，実車率などをクラウド経由でリアルタイムに確認し，配送遅れなどのリスクが高まった場合はAIが動的に輸配送ルートを変更するなどの機能を有したシステムが開発されている。輸配送に関するビッグデータを機械学習させることで，人手とは比較にならない速さで配車，傭車業務を遂行することが可能になっているのである。

さらにいえば，機械学習機能が備わっているメリットとして，毎日の運用で精度やルート選択の熟練度が高まる。関連する巡回先や近隣の納品先などを自動的に巡回先候補に示す機能を有するシステムも開発されている。従来は勘と経験だけに頼っていた配車，傭車業務が各段に洗練されていくことになる。

また，TMSでは配送量計画システムにより，毎日の必要配送量の計算や配送区分別の仕分けのサポートも可能である。また積込み・ルート計画システム，運行計画システム，運行実績管理システムなどによる毎日の運行スケジュールの管理もできる。車両管理システム，運賃計算システムなどによる運送についてのシステム的なサポートも実現できる。

トラックの実車率や稼働率，積み合わせ，帰り荷の獲得などに加えて，安全管理，労務管理，温度管理なども可能になる。各拠点での一連の作業の開始から終了までの状況を運行管理者に知らせてくれるシステムを備えているものもある。ちなみに医薬品や食品などでは鮮度をはじめさまざまな品質管理を厳正に行う必要があり，それゆえ TMS のなかに装備されているインターネットとリンクしたリアルタイムでの監視機能が必要不可欠となっている。

ただし，TMS の導入にあたっては，納品ルート，ロット数，荷姿などについても適切かどうかチェックしておく必要がある。また，荷姿についても包装や結束を 1 つずつ解いたり，切断したりする手間がかかることもある。こうしたこれまで人間の判断が必要とされていた分野についても，今後は AI による機械学習が導入されていくことになると思われる。

3-5 RFID タグ装着タイプのパレットの導入

レンタルパレットに RFID タグを装着することで貨物履歴，出荷情報，在庫情報などを把握し，サプライチェーン全体の可視化を促進し，ロジスティクスプロセスを大きく改善することが期待されている。

パレットに RFID タグを装着させることで情報を一元管理し，セキュリティの充実を図ることが可能になると考えられることからパレットのレンタル化をさらに進めていくことが今後の物流業界にとっては必要不可欠と考えられる。

物流センターにおけるパレットの役割は今後の AI 化，無人化，自動化などの流れが加速すればするほど，その重要性を高めていくことになり，「Logistics 5.0」（次世代ロジスティクス）においても中核的な役割を担うことにもなる。

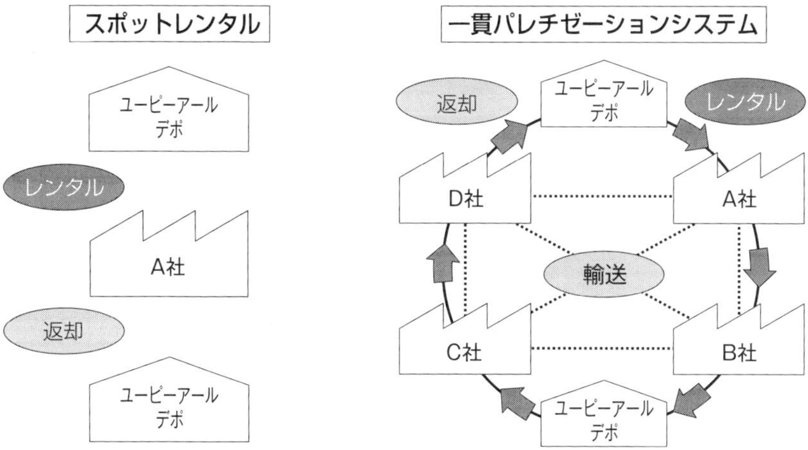

図表3-5　パレットレンタルシステムの基本スキーム

出典：ユーピーアール社のHP（http://www.upr-net.co.jp）より

実際，段ボールをパレットの上に積んで，物流センターの保管やトラックへの積載に活用することで荷役効率を大幅に向上できる。

例えば，工場でバラ検品を行ったあとに段ボールなどに梱包し，パレット単位で出荷すれば，段ボールを開梱しないかぎり，フォークリフト荷役を行い，検品レスで物流センターから小売店舗まで配送することが可能になる。しかもパレット単位で出荷ロットや到着日時などの必要情報が管理できるわけである。そうして得られるビッグデータをAI技術で分析することでより緻密な物流システムを構築できることになる。

3-6 事例：スマートパレット®

レンタルパレット大手のユーピーアールがNTTと共同で開発したスマートパレット®では，アクティブタグをパレットに装着し，リアルタイムにパレット等の物流機材がどこの拠点に何台あるかを自動的に確認したり，拠点からの出庫時間，拠点への入庫時間が確認したりできるシステムが構築されている。ここでは，スマートパレット®を導入した企業の事例を紹介しよう。

企業A社では，パレットの管理を行うことができず，必要とされる枚数よりもパレットが不足しているため，日々の業務のなかでパレットが紛失あるいは流出しているものと考えられた。対策として配送先に対する管理の徹底を行ったが，人手も少ないため，実際には長らくパレットの管理ができていなかった。しかし，アクティブタグを装着したレンタルパレットシステムの導入により，配送先でのパレット管理が自動受け払いになりすべての拠点在庫が可視化された。この結果，空パレットの把握がしやすくなり，早期回収によりレンタル費用の削減やパレットの紛失リスクの軽減に繋がった。また，冷凍倉庫内での悪環境での作業時間（パレット管理）の改善にもなった。

一方，すでにパッシブタグが装着されたレンタルパレットを導入していたB社は，技術進歩の状況を踏まえていち早くレンタルパレットのタグをアクティブタグに切り替えた。すなわちスマートパレット®を導入したのである。従来型のパッシブタグではパレット出荷時及び入荷時にハンディの受信機で読み取りを行っていたが，読み取りに時間がかかる。また，フォークリフトによる自動読み取りを検討したものの，読み取り率が不安定なため採用できなかった。そこで，一般にピッキング作業などにおいて0.01～0.005%程度発生すると考えられる読み取りミスなどの人為的なエラーを自動読み取りにすることでなくし，パレット管理を適正に行うことを目的として，パレットに装着するICタグをパッシブタグからタグ自らが電波を発するアクティブタグに切り替えたのである。

3-7 進化するマテハン機器

マテハン機器は物流センター内の荷役生産性，荷役効率を向上させるためにも活用される。DPS，DAS はその代表的なものである。手押し台車などに情報端末を搭載し作業を行うピッキングカートなども適時，導入されている。

マテハン機器は，一連のロジスティクス業務支援システムと緊密に連動しており，そのため必然的にスマート化の影響も受けることになる。

これまでのシステムとは異なり，ルールや原則などを細々とコンピュータに教え込むのではなく，機械学習により，作業情報などのデータからピッキングや仕分けの効率化の方策，選択肢ごとの結果を推測することも可能とされているのである。

3-7-1 DPS

物流センターのオペレーションにおけるピッキングの占める割合は高く，ピッキングは物流センター業務のなかで最も労働集約的な機能である。ピッキング効率を上げることで物流センター全体の運営効率の向上も実現できるということから，ストック型の DC（distribution center：ディストリビューションセンター）向けなどにはオーダーピッキング（摘み取り式）対応の DPS が進んでいる。

DPS では，バーコード管理などを行っている貨物の保管棚にデジタル表示のランプが設置され，ピッキングに際しては，点滅などで指示を出す。作業者は，ランプ指示にしたがい，貨物と数量をピッキングする。

DPS の導入は誤出荷の発生を抑える効果もある。誤出荷の主要因として，ピッキングミスや不正確な庫内作業，人手不足，作業時間不足などが考えられる。DPS の導入によってこれらを総合的・包括的に回避

図表3-6　ピッキングの種類

ピッキング方式	定義	利点・注意点
摘み取り式	出荷先ごとに商品を保管場所から集めるオーダーピッキング方式	•少品種多量から多品種少量まで，幅広い用途に対応したシステムの構築が可能 •オーダーごとに出荷処理を完結できる •ピッキング歩行距離は可能な限り短く設定する必要がある
種まき式	複数の種類の商品をまとめてピッキングし，後で配送先ごとに仕分けを行うバッチピッキング方式	•出荷数が少なく二重チェックが必要な在庫管理などにおいて優れている

出典：諸資料をもとに筆者作成

することが可能になる。

DPSを導入しないでピッキング作業を行う場合，ピッキングリストを発行し，作業者がそのリストを見ながらピッキング作業を行うことになる。そのため，繁忙期など，多くの作業者と長い作業時間が必要な場合に，熟練作業者などが不足すれば，ピッキングリストの読み取りミスが発生してしまうリスクが高まる。

しかし，DPSを導入すればこうしたリスクを最小限に抑えることができる。例えば，ランプの点滅により指示が出るので，不正確なピッキングを可能な限り回避できることになる。作業手順も簡素化されているので，導入教育，新人教育などについても最小限のコストと時間で対応できる。

3-7-2 DAS

仕分け（アソート）機能の強化も物流センターの大型化とともに進んでいる。ある程度以上の規模の物流センターでは，仕分けにあたってはDASが使われ，多頻度小口型の物流，ピーク時の物流量が非常に多い物流などには高速のDASが使われる。

DASは，出荷先ごとの仕分け作業を細かく行う場合などに多く使われるが，仕分け棚の表示器が点灯したパネルに表示される個数の貨物を作業者が仕分けをする。仕分け作業に際して仕分けリストをいちいち確認する手間を省くことができる。

DASの導入数が増えているのには，近年の物流事情が大きく関係している。

まず，相次ぐ大型物流センターの建設が理由としてあげられる。天井高が6m前後が標準スペックに設定され，極端に天井の高い物流センターが減少傾向にある。

そのため高層化された自動倉庫を導入し，その仕分け機能を活用するよりも，平均的な天井高で作業がしやすいDASが好まれるようになった。自動倉庫よりも小回りがきくので多頻度小口の物流に柔軟に対応することが可能になる。

また，大都市近郊などの大きな消費地を後背地とするロケーションには小売業関連のスルー（通過）型物流センターが多く建てられ，その結果，多頻度小口の貨物を迅速に仕分け，荷合わせして出荷する体制の構築が求められるようになった。すなわち，DASの仕分け機能がこうしたトレンドに合致しているというわけである。

さらにいえば，DASを導入することで熟練作業者でなくても仕分け作業に従事し，しかも以前よりも少ない作業者数でこなすことができるようになる。誤仕分けなどのリスクも可能な限り低減できるのである。

図表3-7　主なソーターの種類

種類	解説
ベルトソーター	トラックターミナル，流通型倉庫などで一般的に使われる。重量品などの迅速な仕分けにも効果を発揮する。
チルド対応型ソーター	冷凍・冷蔵食品，アイスクリームなどの仕分けに用いられる。冷凍ソーターともいう。
スライドシューソーター	搬送品を迅速かつ円滑に押し出し仕分けする。

出典：諸資料をもとに筆者作成

3-7-3　自動倉庫

自動倉庫の最も標準的なタイプは「スタッカークレーン式自動倉庫」と呼ばれるタイプのものである。

スタッカークレーンを用いて入出庫口，保管ラックにアクセスするタイプの自動倉庫で広く一般に使われている。棚数，取扱量などを用途に合わせて設定することができ，パレット単位をはじめ，段ボール箱・ケース単位，オリコン（折りたたみコンテナ）単位などでの対応が可能となっている。そのほかに，どのようなサイズにも柔軟に対応できるフリーサイズ対応型もある。

また，冷凍・冷蔵対応型の自動倉庫もある。低温環境での迅速な入出庫に対応し，温度制御，湿度制御を行い，結露，発霜を防ぐ。

マテハン機器の導入に際しては，保管効率，荷役効率などをいかに向上させて物流コストを低減させていくかという視点が重視される。

複数拠点の集約を効果的に進める過程で，効率化を推進できるマテハン機器を導入するという考え方が主流となり，それまでの複数の中小規模拠点を大規模拠点に集約し，自動倉庫などのマテハン機器を導入することで処理能力や保管能力の向上を進め，稼働時間を短縮し，それによってセンター全体での作業効率を改善し，コスト削減に繋げるという

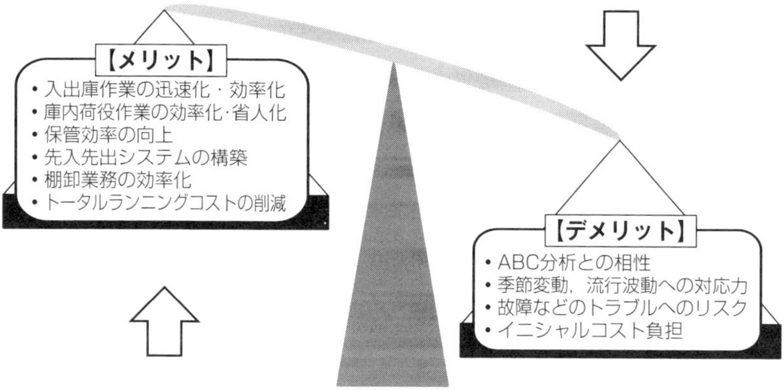

図表3-8　自動倉庫導入のメリット・デメリット

方策がとられることが多い。トータル在庫量の適正，物流コスト削減なども期待できるし，在庫管理も容易になる。

さらにいえば，物流センターのシステム稼働に当たって，ピッキング時間を短縮する通路指示やスタッカークレーンの負荷を均等化する棚引き当てなどの作業効率を向上させるしくみを導入することで，エネルギーロスが小さく環境にやさしいシステムを構築することも可能になる。

ちなみに自動倉庫スタッカークレーンでは貨物搬送用の荷台とメンテナンス用運転室が分離され，自動運転時には荷台だけの昇降が可能となっているものもある。

自動倉庫の導入で物流センター内の作業を高速化することにより，当日出荷の受け入れのタイムリミットをこれまで以上に延長することも可能になる。

もちろん，当日出荷率が向上すれば庫内の滞留在庫量を削減できる。しかも同時に適正なかたちによる出荷量増加の効果でトラックの積載率も上がることになる。自動倉庫の導入で，保管効率の向上と高速で効率的な入出庫作業の推進が可能になるのである。

4 スマートロジスティクスの展開

4-1 物流センターの無人化・自動化

物流・ロジスティクスの高度化，効率化のプロセスにおいて3PL の役割が大きくなり，図表 4-1 のように，荷主企業は3PL の導入により物流コスト削減などを目指す流れが加速してきた。すなわち庫内作業などにかかるランニングコストを削減するためにマテハン機器，や WMS などの物流支援情報システムなどを導入していくのである。ロジスティクス改革を進めるにあたって，複数の小規模倉庫にある在庫などを大型物流センターに集約することも多くなってきている。

そして，ここにスマートサプライチェーンの流れが加わろうとしている。物流の無人化，ロジスティクスドローン，無人フォークリフト，自動運転トラックや隊列走行，IC タグ付きパレット（例：スマートパレット®）などを荷主企業が3PL 企業とのコラボレーションのもとに導入を図る動きが目立ってきている。

なかでも物流センターの無人化・自動化は今後，急速に進んでいく可

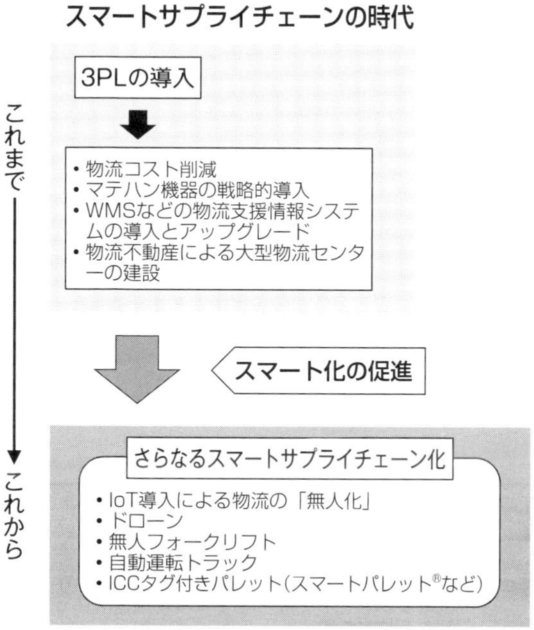

図表4-1　スマートサプライチェーンのイメージ

能性が高い。

機械化，IT化，無人化などの軍事で活用されたさまざまな技術がロジスティクス分野にも適用されてきた。

さらに，ここにきてビジネスでも無人化が大きなトレンドとなってきている。例えばネット通販の配送などでは，ドローン（無人機）宅配便などの輸配送を行うことも不可能ではなくなってきた。「受発注処理，在庫レベルの管理，共有すべき情報の提供，生産計画，さらには工場，物流センター，店舗などのオペレーションをコンピュータが判断し，無人化された関連機器，什器などにより作業が行われる」という状況が近未来に相当な確率で実現するとも考えられるのである。

これまでも，省人化の流れのなかで多くのオペレーションは手作業から機械作業にシフトするかたちで自動化が行われてきた。RFIDタグ

(非接触タグ）の導入などもその流れのなかにあった。小売店舗などでは主要商品に UHF 帯 RFID タグを装着し，RFID を読み取ることにより，レジの自動化を実現することに成功した事例も多々報告されている。しかし，トレンドはさらに自動化から無人化へとシフトしつつある。店舗における「考える人型ロボットによる販売システムの構築」といった話が，高い現実性を帯びてきているというわけである。

4-2 自動運転への道筋

少子高齢化により，トラックなどのドライバー不足が社会問題化しているが，自動車の分野では大きな変革期が押し寄せている。CASE と MaaS の波だ。自動運転技術の開発をドライバー不足の解決に役立てていきたいというニーズが大きいのである。

自動車の領域でも，2000年代以降，半導体の大量導入が進み，車の IoT 化，電動化が急激に進行してきた。車はネットワークに繋がることにより，車の保有する各種情報（位置情報，走行データ，エンジンや機器のステイタス，走行道路情報，渋滞情報，天気情報など）がビッグデータとしてサーバーに蓄積されている。これらのビッグデータは，AI と融合し，自動運転に繋がっていく。

「所有から利用へ」という社会トレンドの移行には，自動車の世界も逃げることはできない。地価の高い東京や大阪といった大都市に住む人々は当然のごとくに，カーシェアリングを利用する。大手不動産会社は大都市の高級タワーマンションの付加価値を高めるために，メーカーシェア事業を推進し不動産とカーシェアをセットにし，事業を展開している例もある。

MaaS のコンセプトは，車のスマートフォン化と考えるとわかりやすい。自動車がネットワークに繋がるコネクテッドカーとは，4つのタイ

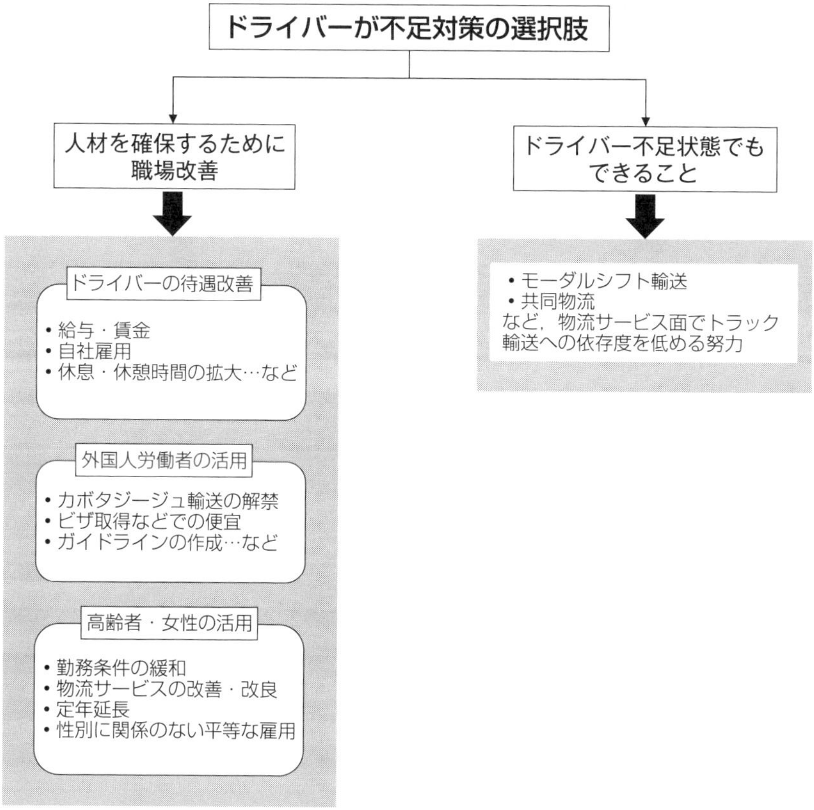
ドライバーが不足対策の選択肢
人材を確保するために職場改善
ドライバー不足状態でもできること
ドライバーの待遇改善
• 給与・賃金
• 自社雇用
• 休息・休憩時間の拡大…など
外国人労働者の活用
• カボタジージュ輸送の解禁
• ビザ取得などでの便宜
• ガイドラインの作成…など
高齢者・女性の活用
• 勤務条件の緩和
• 物流サービスの改善・改良
• 定年延長
• 性別に関係のない平等な雇用
• モーダルシフト輸送
• 共同物流
など，物流サービス面でトラック輸送への依存度を低める努力

図表4-2　ドライバー不足への物流業界の対応策

ヤのついた１ｔのスマートフォンともいえる。電気自動車のテスラは，通信回線を介して，車に搭載したソフトウエアをアップデートする機能を備えている。

このような背景のもと，世界中の大手自動車会社はもちろん，国内外のIT大手企業も，積極的に自動運転の研究開発を推進している。先行しているのが米国と中国である。米国では，連邦運輸省が「スマートシティ・チャレンジ」の実施を発表し，これを機に自動運転の検討がさらに加速した。電気自動車のテスラは自動運転用のAI開発・設計を推進し，グーグルも系列企業が自動運転タクシーの商用サービスを開始し，アップルやマイクロソフトも積極的に研究を進めている。米国は各州が強い権限を持つ。カリフォルニア州などは，自動運転の行動走行が試験しやすい環境を用意できるのが強みとなっている。

中国でもすでに「自動運転シティ」計画用に，自動運転車用にナンバープレートが与えられ，上海の公道を走行した。中国の強みは，官民一体となった取り組みである。同国のインターネット大手の百度《バイドゥ》は，自動運転分野の開発を加速しており，自動運転用 AI の開発を国家と協力して進めている。

もちろん，日本のメーカーも黙っていない。トヨタは，AI に強いアメリカの半導体メーカー NVIDEA と自動運転分野での提携を進めており，さらにソフトバンクとも合弁会社を設立し，MaaS 事業を強化している。なお，物流業界ではこれまで図表 4－2 のような対応策が検討されてきた。しかしいずれも決定的な解決策とはいえず，それゆえ自動運転技術が必然的に大きな注目を集めることとなっている。

4-3 スマートロジスティクスへのドローンの活用

ドローンは，当初軍事用途に開発されたものであるが，ここにきてスマートフォンやインターネットと連携することにより，その利用用途は急激に拡大してきている。ドローンの用途は，災害救助，スポーツ撮影，自然環境のリサーチ，農業分野等さまざまに活用されている。もちろん，物流分野への適用も有望である。

GPS による位置情報の取得が可能な屋外利用では，例えば楽天がゴルフ場において，スマートフォンから注文した飲み物を指定の場所まで届けるサービスをすでに提供している。ただし，ドローンによる配送を実現するには，まだまだ課題も少なくない。このような技術的な課題以

図表4-3 ドローン輸送における選択肢

輸送距離	特　徴
長距離	• 離島・遠隔地への輸送 • 危険物の輸送
短距離	• 過疎地への宅配便 • タワーマンション配送

外にも，法的な規制もあり，まだまだ大量導入には至っていない。

海外の動きとしては，グローバル物流会社のDHLでは物資輸送のためのドローンプロジェクトで，実証実験を経て，「DHL Parcelcopter3.0」を実践し，ロジスティクスドローンの実用化を進めている。ロジスティクスドローンの形状はVTOL機（垂直離着陸機）が採用され，高山地域での活用が進められている。また，アマゾンもドローン配送サービス「Amazon Prime Air」を開始している。中国でも宅配便大手がロジスティクスドローンの実用化を進めている。

さらにわが国でも，楽天市場がロジスティクスドローンによる配送について実証実験を進めている。内閣府では，国家戦略特区に千葉市を指定し，「千葉市ドローン宅配等分科会」がロジスティクスドローンの実用化のフレームワークを検討している。

ちなみに，千葉市は幕張新都心地区が東京湾に近接し，臨海部に物流センターが集約していることに加えて，今後，超高層マンション（タワーマンション）の建設が進むこと，さらには都市整備にあわせて，電線が地中に埋められているということがドローン宅配を行う上で好条件の立地となっている。それゆえ，ドローンにより，東京湾臨海部の物流センターから海上や一級河川（花見川）の上空約10kmを飛行し，新都心内の営業所まで配送，住宅地区のマンション各戸までの配送やエリア内の店舗配送を円滑にできる可能性が高いと考えられている。

また，都市部で林立されているタワーマンションへの不在時の再配達

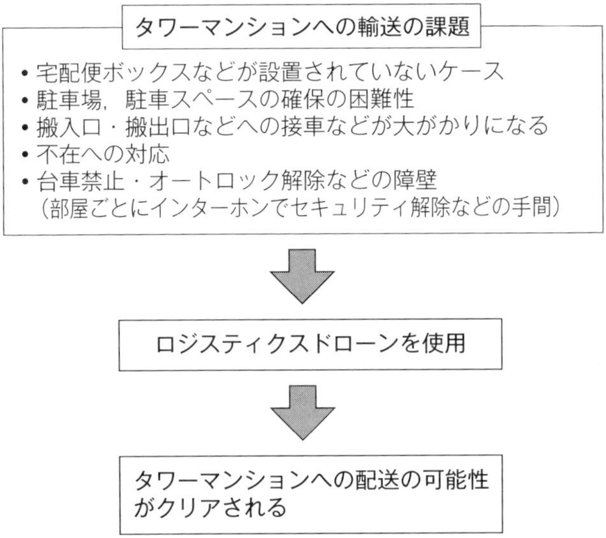
タワーマンションへの輸送の課題
• 宅配便ボックスなどが設置されていないケース
• 駐車場，駐車スペースの確保の困難性
• 搬入口・搬出口などへの接車などが大がかりになる
• 不在への対応
• 台車禁止・オートロック解除などの障壁
（部屋ごとにインターホンでセキュリティ解除などの手間）
ロジスティクスドローンを使用
タワーマンションへの配送の可能性
がクリアされる

図表4-4　ロジスティクスドローンの活用の可能性

において，ドローンを活用するという選択肢もある。

タワーマンションの建設の増加にあたり，宅配便事業者は配送の効率化をいかに進めるかという問題に悩まされている。なぜならば，タワーマンションは1棟で500世帯を超える居住者を抱えているが，宅配便ボックスが設置されていないといったところも多く，加えて各世帯への配達にはインターホンを通した解錠が必要であり，原則的に台車での搬入が禁止されているケースが多いからである。また，駐車場，駐車スペースの確保が困難であったり，搬入口や搬出口へのトラックの接車が大掛かりになったりすることで，時間がかかる。しかも，不在ということになればこの少数世帯だけのために再び出向き，駐車スペースを確保しなければならない。このように，タワーマンションへの配達は宅配便企業にとっても大きな負担となるのである。

そこでタワーマンションの屋上などに「ドローンポート」を設置し，地上の宅配便トラックからドローンを飛ばして，配送を行うというしくみが考えられるのである。もちろん，ドローンにはこの他に多くの選択肢が考えられる。IoT と AI がさらなる進展を遂げるなかでドローンのこれからの可能性もより一層広がっていくのである。

4-4 機械学習とロジスティクス

機械学習，ディープラーニング（深層学習）は AI の中核ともいえる。機械学習とは人間が行うさまざまな学習をコンピュータに代表される機械で行う技術や手法の総称で，ディープラーニングとは機械学習において多層のニューラルネットワーク（神経網）による機械学習手法を指す。なお，ニューラルネットワークとは脳神経機能の特性を数理モデルとして具現化した人工的なネットワークである。「脳に似せたしくみを人工的に作り出し，学習機能を持たせて，機械に自律的な思考を行えるようにしている」ということになる。

従来型の需要予測の代表的なモデルパターンは重回帰分析と呼ばれる分析方法で，需要予測を行うに際して，さまざまな要因の間にどのような関係があるかを把握し，そこから予測を行う。例えば，アイスクリー

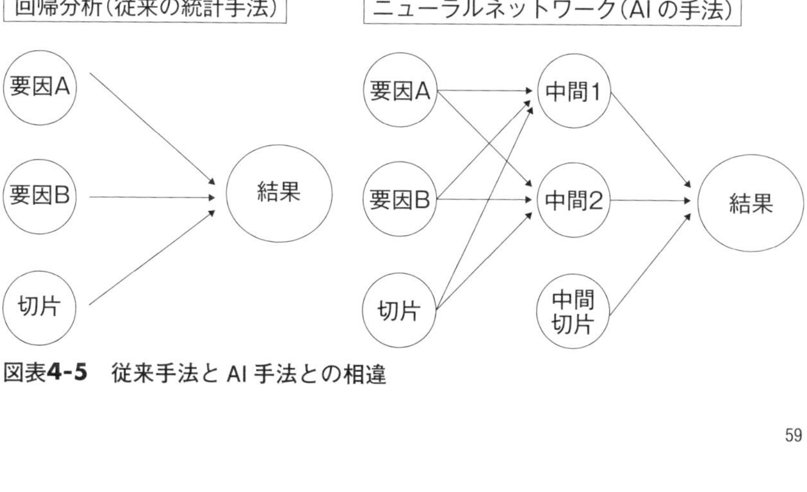

図表4-5 従来手法と AI 手法との相違

ムの需要を温度と湿度の関係から予測するといった手法である。温度・湿度，売上高の実績データを可能な限り集めることで，相互の関係を「回帰係数」という数字で表すのである。すなわち，「温度・湿度⇒アイスクリームの需要」というチャートになる。

これに対して，ニューラルネットワークによるモデル構築では，要因と予測数値の中間（要因と結果の間にある比率を決定する層）に「重み」（要因間の重要度を表す比重）となる「中間層」を設けている。さきほどのアイスクリームの需要予測について考えるならば，温度・湿度という要因をダイレクトにアイスクリームの需要に直結させるのではなく，「温度・湿度⇒中間層（重み）⇒アイスクリームの需要」というチャートになるのである。さらにいえば，この中間層の部分の重みを変えて繰り返し行う計算によって，モデルのパラメーターが「予測誤差の最小化」を実現できるようにチューニング（調整）されるのである。それぞれの要因に重み付けを行い，そのうえで予測数値を算出することで予測数値の精度が大きく向上することになる。

4-5 自動搬送ロボット

物流倉庫の自動化，省力化を狙った，自動搬送ロボットも今後大きく成長する分野である。その背景には，アマゾンに代表されるオンラインショッピングの急激な拡大がある。多品種を短時間で識別，ピッキング，搬送する作業に際して，従来のような人手頼りでは全く対応できない時代になっている。このような自動搬送ロボットは，多くの製品が市場に投入されおり，現場作業の負担軽減，効率化に貢献している。自動搬送ロボット技術は，以下の特徴を持っている。

- 動線ルートの移動の最適化・効率
- 重い荷物の運搬が可能

- ミスの軽減，単純作業からの解放
- 作業計画策定の容易化

また，タイプとしては以下のものがある。

- 棚毎搬送するタイプ
- 作業者の後を追随するタイプ
- 自動ピッキングに対応したタイプ

4-6 ブロックチェーンとロジスティクス

商流を劇的に変える革新的な技術として，ブロックチェーンにも大きな注目が集まっている。ビットコインにより商取引が行われるブロックチェーンの構築による最大のメリットは銀行などを通さず，個人，あるいは企業が送金を行うことができるようになるということだろう。また手数料などもほとんどかからず，世界中で単一の通貨での取引が可能になる。

ブロックチェーンとは，パソコンなどの多数の小型コンピュータに処理を分散して行うネットワーク（分散型ネットワーク）に，暗号化を行ったうえで商取引情報などのデータを同期化して一連の記録として残す手法である。ブロックチェーンにより商流にかかるビジネス取引の負荷を大きく軽減することで，物流の効率化，高度化も飛躍的に向上すると考えられる。

4-6-1 ブロックチェーンのしくみ

ブロックチェーンという概念は，2008年10月にサトシ・ナカモトのmetzdowd.com 内の暗号理論に関するメーリングリストに投稿された電子通貨ビットコインに関する論文 “Bitcoin : A peer-to-peer electronic cash system" から始まるとされている。

ブロックチェーンではビットコインなどの暗号化された仮想通貨（ブロックチェーン通貨）を用いて商取引が行われる。ブロックチェーンにおける取引のプロセスは逐一，分散型ネットワーク上に記録される。記録される取引履歴はだれもが見ることができる。すなわちビットコインを用いて商品などが取引される場合，金額，時間，購入先などの一連の商流の取引履歴（ブロック）が世界に１つしかない分散型台帳に記録されるのである。

商品などの取引データである送金トランザクションは暗号化されて発信され，その確認作業は電子署名で行われる。そして確認のとれた取引をブロックチェーンに繋いでいくのである。

もっとも，単純に取引履歴を繋げていくだけでは，データ改ざんが容易に行われるリスクを回避できない。そこでマイニング（採掘）という取引それぞれのブロックを「ナンス値」を見つけて繋いでいくプロセスを導入したのである。ちなみに「ナンス（nonce)」とは，「Number used once（一度だけで使い捨てられる数字)」の略である。ナンス値を発見できなければデータをブロックチェーンの台帳に書き込むことはできないとしているのである。

このプロセスが導入されることによりブロックチェーンの改ざんは不可能になると考えられる。そしてこの一連のフローを成功させることにより得られる報酬がビットコインなどとなるというわけである。

4-6-2　ロジスティクス領域への影響

すでに米国流通大手のウォルマートでは，ブロックチェーンにより，110万点の商品が生産者から店舗陳列までのサプライチェーンの全行程の取引履歴が明らかにされている。また，2019年３月にベルギーのビール大手アンハイザー・ブッシュ・インベブ，総合コンサルティング会社アクセンチュア，海運大手 APL，物流大手キューネ・アンド・ナーゲルとヨーロッパの税関組織で構成されるコンソーシアムが，ブロックチェーンソリューションの実証実験に成功したという報道がなされた。貿易関連書類を用いての一連の商流の手続きがブロックチェーンで行われることで，年間で数億ドルのコスト削減が実現できるという。国際輸送に際して必要となる多大な書類の処理や管理の手間やコストを大幅に減らすことができるというわけである。

この実証実験はブロックチェーンを利用したデータ管理ベースをアクセンチュアが構築し，荷主であるアンハイザー・ブッシュ・インベブが輸出する貨物について APL とキューネ・アンド・ナーゲルの物流ネットワークを活用して，規制要件の異なる12か所にコンテナ輸送を行い，税関組織がそれぞれの税関規制に基づいて貨物調査を実施するというものであった。

ブロックチェーンを活用することによって国際物流における紙媒体のプロセスをデジタル化することで，サプライチェーン全体にかかる業務上の負荷を可能な限り低減していくことが可能になることが期待できるのである。

なお，貿易，国際物流関連のブロックチェーン技術運用の促進を図る非営利団体として，ブロックチェーン・イン・トランスポート・アライアンス（BiTA）がある。BiTA には米国のグローバルインテグレーター企業であるフェデックス，UPS など，300社以上の企業が加入し，物流・ロジスティクスにおけるブロックチェーン標準化を目指してのアライアンスとなっている。BiTA に加入することで，税関手続きなどをこれまで以上にスムーズに行えるシステム開発を目指していくのである。

また，わが国においても，NTT データを事務局として，日本通運，日本郵船，商船三井，川崎汽船といった物流企業や船会社に加え，銀行，保険，商社などの貿易関係業界を代表する13社が「ブロックチェーン技術を活用した貿易情報連携基盤実現に向けたコンソーシアム」を立ち上げることが2019年８月に発表されている。

このようにブロックチェーン標準化，貿易情報連携基盤の構築を実現することでこれまでの貿易，国際物流における煩雑な手続きを大幅に簡素化できるという期待が高まっているわけである。

4-6-3　物流 IoT とのリンク

ブロックチェーンの導入は「物流 IoT とのリンク」という視点からも注目されることになる。IoT により，物品と情報を紐付けし，商取引や情報の可視化や共有化を推進することが可能となってきているのである。例えば，ロジスティクスドローンの配送ネットワークとブロックチェーンのリンクである。実際，米国，ドイツ，オーストラリアなどの専門家で構成されている国際非営利組織「ディストリビューション・スカイ」がブロックチェーン技術を活用してのドローン向けの管制システムの構築に乗り出しているという。ブロックチェーンによる分散型ネットワークならばシステムの拡張性が高いので，たとえドローンが何百万台に増えたとしても管制システムが混乱を招くことはないという。また，スマートフォンを活用したドローン配送のソフトウエアの開発も進められている。

実際，ドローン配送についてはすでに諸外国において実証実験が進み，本格導入のカウントダウンが始まっている。アマゾンのドローン配送である「Amazon Prime Air」では従来型システムに比べて配送コストで87.5％減，配送時間で50～75％減が実現できるという報告もある。わが国においても，内閣府国家戦略特区の千葉市にて，「ドローン宅配等分科会」が本格導入に向けての検討を行っている。

また，先述したレンタルパレットに装着する RFID をブロックチェーンとリンクさせる構想も実現性が高い。コンテナ貨物追跡については，デンマークの海運大手のマースクが，IBM が提供するブロックチェーン技術を使用しているが，パレットについてもブロックチェーンソリューションを構築していくことで比較的，円滑に導入が進むと考えられる。

例えばイスラエルのカルタセンス社では，ブロックチェーンのデータベースをパレットやコンテナごとに提供して使用し，輸送行程を段階ごとに記録するというビジネスモデルを構築している。

もちろん，国内輸送についても，ブロックチェーンで取引履歴を押さえつつ，工場からパレット単位で出荷ロットや到着日時などの必要な貨物情報を管理することが可能である。つまり，ブロックチェーン上でこれまで以上に緻密な物流システムを構築することが可能になるというわけである。

4-6-4　ブロックチェーンの抱える課題

とはいえ，ブロックチェーン技術に全く欠点がなく，物流領域を含む幅広い分野で何の問題もなく，普及していくかといえば，そうとも言い切れない。すくなくとも本格的に導入，普及されていくには，いくつかの課題をクリアしていく必要がある。

ブロックチェーンでは大前提として，一連の情報が改ざんされたりすることはありえないということになっている。しかし例えば，一連の情報全てが消失してしまうといったリスクが将来的に絶対生じないという保証はない。高度で激しいサイバー攻撃を受ける可能性は決して低くはないのである。

さらにいえば，他者になりすまして，ビットコインを使用するというケースが出てくる恐れもある。ビットコインは通常，一種のパスワードのような「カギ」により本人確認を行うようになっているが，このカギがなんらかのかたちで盗まれてしまう場合である。

また，大規模な国際物流ネットワークのなかでは有効に機能しても，

図表4-6 ブロックチェーンのイメージ

小規模な取引の場合，「これまでの紙媒体を用いた通常の商取引のほうが簡単に処理できる」ということもあるかもしれない。とくにわが国のように金融インフラが十分に整備され，コンビニやタクシー，鉄道などでも手軽に電子マネーの使える環境では，全面的にビットコインに頼る必然性は現状ではまだ低いといえる。

ブロックチェーン技術を活用することであらゆる商品の取引履歴が可視化されることになる。商品がどの工場で作られ，どの物流センターを経由して店舗に配送され，だれが最終的に消費することになったかということが事細かくわかるようになるのである。商流上の一連の所有権の移転プロセスが簡略化されるというメリットも大きいが，物流の視点からブロックチェーン技術の最大のメリットを考えると，このように詳細に貨物トレーサビリティを把握することができるということになるかもしれない。

4-7 サブスクリプション（継続課金）モデル

サブスクリプションとは，ビジネスモデルの１つで，いわゆる継続課金制サービスに近い考え方である。例えば，クルマの場合，これまではクルマを購入してマイカーとして利用していたが，消費者の動向が所有から利用へ移行する流れのなかで，レンタカーやカーシェアリングサー

所有 ↑ 所有から利用へ多様化するビジネス ↓ 利用

	概要	所有権の移転	途中解約・休止	商品・サービスの変更	企業側に入る利益
販売	商品・サービスを販売して利益を上げる"売り切り"モデル	あり／顧客へ	—	—	販売時点で確定
割賦	契約期間に応じた分割払い取引	あり／支払い終了後に顧客へ	×	×	割賦販売終了時点
リース	リース会社と契約する金融取引	なし／リース会社保有	×	×	継続的
レンタル	顧客がレンタル対象商品の中から選び，借りるモデル	なし／レンタル会社保有	○	○	継続的
シェア	物やサービスを顧客や企業と共有して利用するモデル。利用量に応じて料金が決まるため定額ではない	なし	○	○	継続的
リカーリング	月額定額制など，継続的にサービスに課金するモデル。サブスクリプションとほぼ同義	サービス内容による	○	○	継続的
サブスクリプション	単なる定額課金と捉えられがちだが，顧客ニーズに合った商品やサービスを，定額で提供するモデル	なし／サブスク事業者保有			

図表4-7　サブスクリプションモデルの概要：各ビジネスモデルの相違

ビスの人気が高まっている。つまり，商品提供側にとっては，物売りからサービス提供者に変換することになる。

継続的に顧客から課金することにより，これまでは売りっぱなしだった顧客との関係も継続的なものとなるため，アフターサービス等も，きめ細かく提供できることになる。物流分野では，以前から，物流機材やパレットのレンタルサービスが広く利用されているが，それ以外の商品でのサブスクリプションモデルについても一層利用が広がりつつある。

サブスクリプションモデルでは，トータルとして契約期間×金額の値を最大化することを目指す。そのためには，企業と顧客の関係を良好に保つことにより，必要に応じて，料金体系を変更したりし，満足度を高める方策が必要になる。

すなわち，メーカーには，物売りからサービス売りへの変換が求められている。例えば，トヨタはMaaSとして積極的に取り組んでいる。また，マイクロソフトは，パソコンOS市場でのパッケージ販売からクラウドサービスを事業のコアに置き，まさにサブスクリプション企業として大成功をおさめている。物流分野でも，間違いなくこのトレンドが進むと思われる。

4-8 モバイル技術を活用した遠隔機器監視サービス

センサーやモバイル通信を活用して，ネットワークに繋がれた複数の機器同士が自動的に情報伝達を行う技術はＭ２Ｍと呼ばれ，広い意味でのIoTサービスの一環である。

その導入事例は，枚挙にいとまがない。数例をあげると，次のようになる。

- エレベータやコインパーキング駐車場の監視
- 太陽光発電パネルの発電量の監視
- 病院内の各種ボンベ残量の監視
- 運行管理（旅客）（貨物）
- 飲食店や厨房の温度，湿度の監視

重要なことは，人間の数に比べ，このような機器や機械は，圧倒的に数が多いので導入コストさえ低減できれば，膨大な市場規模が想定されることが魅力的である。

とくに，このようなしくみは一度導入されると，長期間の利用（5～10年）が想定されるため，通信回線コストARPUを低く抑えることが可能となる。この場合，月額課金モデルが望ましい。なぜなら，投資コストを一度に回収しようとすると導入サイドに大きな負担がかかるが，例えば10年契約にすれば，トータルの導入コストを10年に分割して請求することが可能となるからである。4-7で述べた，典型的な継続課金モデルの一例となる。

事例　HACCP

HACCP（hazzard analysis critical control point：危害分析重要管理点）とは，食品衛生管理に関する国際的な手法である。

HACCPの背景としては，食中毒の原因である菌やウィルスを増やさないための温度監視の重要性の高まりがあげられ，IoTによる温度監視が求められている。

例えば，冷蔵庫を例にとると，冷蔵庫そのものは正常に機能していても，ドアの開閉により内部の温度逸脱が起こることがある。そこでIoTによる温度の自動記録が必要となる。具体的には，温度を自動取得し内部に記憶する「データロガー形式」や，無線でクラウド上に温度情報を記録，保管する形式もある。自動温度監視と帳票の作成がパッケージとなったサービスもスタートしている。実際の導入にあたっては，店舗の形状や利用方法に応じて，形式を決めることが多い。

4-9 物流 IoT のビジネスモデル

IoT サービスを利用するユーザーの立場に立った場合，遠隔監視サービスはあくまで本業の補助的なしくみであるため，一度に多くのコストをかけることはできない。したがって，継続課金モデルの方が，利用しやすいはずである。

一方，この遠隔監視サービスを提供する立場にたてば，少しでも長い期間ユーザーにサービスを利用してもらうことにより，トータルの収益は増大する。例えば，月額の利用料金を半分にしても，利用期間が2倍になれば，トータルの収益は同じである。もし，3倍の期間にわたって利用した場合は，トータルの収益は1.5倍になる。

一般的に，商品の販売の場合は，販売することにより一度に全ての収益を得ることができる微分モデルである。しかしこの場合は，景気や他社のライバル商品との値下げ競争といった側面もあり，このような IoT サービスの特徴を考慮すると，積分モデルが適している，といえる。実際，ある船舶用機器メーカーは，自社のビジネスモデルをそれまでの機器販売モデルから，遠隔監視機能を利用した保守サービスへと変換し，大きな成功を収めている。

ただし，留意しないといけないのは，サービスが短期間で終了した場合は，コストを回収できなくなるリスクがあることである。

4-10 小売流通のスマート化

RaaS の導入やスマートストアの拡充などによる小売流通におけるスマート化の進展も，スマートサプライチェーンの推進に大きく寄与していくことになるだろう。

4-10-1 RaaS

ロボティクスの機能をインターネットなどのネットワークを活用して，運用するRaaSを小売流通に導入する道筋も出来上がりつつある。ロボットが顧客の嗜好やそれにあわせた店頭在庫などのデータをクラウド経由で活用する。

小売店舗におけるロボットの活用は少子高齢化の進むわが国にとって必要不可欠といえる。店舗での対人サービスとして，受付，商品紹介，デモンストレーションなどを人間の販売員の代わりにロボット販売員が行う時代は，まもなく確実に到来する。

例えば，ロボット販売員が顧客に声をかけ，探している商品がどこにあるかを，胸元などに設置された商品案内パネルに地図を映し出してその場所を表示したりする。店内を巡回するロボット販売員に来店者の動線や購買行動の分析などを精緻に分析させる。また顧客の販売プロセスを実際のデータから分析させる「カスタマージャーニー」についてもロボット販売員を起点により緻密に行っていこうと考えられ始める。ロボット販売員を店舗に配置することで単純に接客，販売するだけではなく，さまざまな可能性が広がっていくと考えられる。

さらにいえば，店舗における棚卸や在庫管理業務，入荷検品，検収作業などについては人間以上の正確性で対応することができる。また，商品の回収や補充，あるいはレジ業務などについてもロボット販売員が活躍する可能性が高い。ロボット販売員が店内のさまざまなデータを収集し，分析ツールとしてマーケティング分野で活躍するのである。

4-10-2 スマートストア

スマートストアとは，ICタグや顔認証決済システムなどを活用して，レジなどを通過することなく決済を完了できるなど，商流を円滑化した店舗である。レジの長蛇の列などを解消し，ショッパー（顧客）のストレスを低減し，レジ業務などの担当者数を削減して店舗運営の効率化が期待できる。また，「ジャスト・ウォークアウト・ショッピング技術」によって支えられる店舗でもある。店内のカメラやセンサーがショッパーの行動を追跡し，ショッパーがショッピングカートなどに商品を入れると自動的に価格，個数などを計算するシステムの導入も進められている。ショッパーは商品を持ったまま，レジに並ぶこともなく店外に出ていくだけというわけである。

ショッパーは気に入った商品があればショッピングカートなどに商品を入れていく。会計の際などに商品をスキャンする必要はない。もっともどのように商品を配置，陳列しておけばショッパーが商品に目をとめやすいか，関心を持ちやすいかということも考慮されることになる。

無論，長蛇の列となるレジに並ぶということもない。あらかじめ登録してあるクレジットカードなどで自動的に決済が行われる。ショッパーは現金を持たずにスマートストアに来店し，商品をショッピングカートに入れてそのまま退店すれば自動的に決済が済んでしまう。すでに米国ではアマゾンが「Amazon Go」というスマートストア型のコンビニエンスストアをオープンさせている。今後，我が国においても本格的な導入の時代が到来することになるだろう。

5 スマートサプライチェーンにおける物流IoT導入事例

5-1 レンタルパレットの基本スキーム

スマートサプライチェーンにおけるロジスティクス改革の重要な鍵を握るレンタルパレットシステムについて，ここで改めて基本スキームを確認しておくことにしたい。

物流センター内の運搬や保管，荷役にパレットは欠かせないが，パレットの紛失率は思いのほか高い。１枚当たり１万円前後するパレットが何百枚も足りなくなれば，結果として物流コストの上昇にも結びついてしまう。そこで，パレットにICタグ（非接触タグ）を付着することによって情報ネットワークをこれまで以上に強化して，パレットの有効利用を図ろうというわけである。

なお，パレットには保管機能もあり，平置きではパレットとして利用し，基本的にその上に物品を置く方式がとられている。

パレット荷役が最も多いのは卸売業の物流センターと考えられる。すなわち，メーカーの工場から卸売業の物流センターに向けての出荷が行われる場合，取扱う品目にもよるが，製造業1社当たりからの出荷がバラで出荷するよりもケース単位やパレット単位になることが多くなるからである。

工場から卸売業の物流センターに運ばれた物品は，小売業の発注を受けて，小売業の物流センター，営業所，店舗などへ送られることになる。卸売業から小売業への出荷ではバラ出荷も多くなる。したがって，卸売業の物流センターでは多品種少量をミスなく出荷する必要があるため，自動倉庫の配備，DPS，DASの高性能化，情報システムの高度化など，最先端のマテハン装備が求められ，同時に製造業の工場から卸売業の物流センターに出荷される物品はパレット単位が多くなる。

しかし卸売業の物流センターでは，パレット単位の物品を今度はケース単位あるいはピース単位でピッキング作業を行い，小売業の物流センター・営業所・店舗などへの出荷に備えなければならない。また，カゴ台車単位での店舗納品になることもある。そうなると，工場から卸売業の物流センターへの納品に使われたパレットは一方通行になり，行き場を失い，紛失してしまうことも少なくない。また，メーカー側からすればパレットを納品のたびに新規購入すれば，相当のコスト高となってしまう。

そこで注目されるのがレンタルパレットである。レンタルパレット企業がメーカーなどにパレットを貸し出し，卸売業の物流センターにトラックを差し向けて回収するのである。荷主企業や物流事業者などはパレットをレンタル会社から借りることで，ピーク時に必要となるパレット枚数を確保し，必要となくなれば回収ネットワークを使って返却できるというしくみである。

5-2 WMS5.0への進化

WMS を導入することで商品センター，物流センターなどの運営もそれまで以上に効率化されることになる。

例えば，ロケーション管理やクロスドッキングの導入に際して，WMS を導入することでより効果的な運営が可能になる。とくにロケーション管理については，バーコードなどを使った情報管理を徹底できることで固定ロケーションだけではなくフリーロケーションも採用できるようになる。フリーロケーションの導入により空間の利用効率を向上させることができ，またセンター全体にロケーションを設定するという広域的な在庫管理も可能となる。

さらにいえばパレット単位，ロケーション単位での「品質検査済み」,「品質未検査」などのステイタス管理も実現できる。ステイタス管理とは商品の品質，等級，鮮度などの管理のことをいう。例えばアパレルの場合，良品，保留品，不良品，廃棄品といったように商品のステイタスを管理する。また，破損してしまったもののステイタスを良品から不良品，廃棄品などにステイタス振替するケースもある。

また，WMS の導入によりクロスドッキングを円滑に行うことも可能となる。クロスドッキングは ASN をベースに行われる。入荷検品では ASN と実際の入庫品目のチェックが行われ，そして同時に商品はクロスドッキング分と補充在庫分とに仕分けされる。

仕分け作業でクロスドッキングされる商品と仮置きロケーションが表示され，残りの補充在庫分は格納される。クロスドッキングをまず行い，残りを補充在庫分と見なし，格納する方法もある。クロスドッキングの運用により在庫回転率の向上や格納業務の効率化など，多大なメリットがある。

さらにクラウド型の普及が WMS の浸透に拍車をかけた。情報を共有

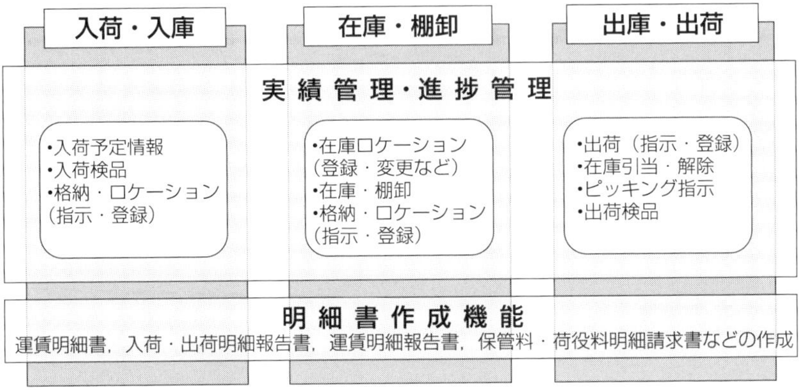

図表5-1　WMS の業務プロセス

するとのは「情報をだれにでもわかりやすいように可視化しておく」ということでもある。例えば，業界別，業種別などにより同一の商品でも違った方法で分類されることがある。伝票や商品コードなどが企業ごと，あるいは業界ごとに大きく異なるというケースも見受けられる。ビジネス文書などの保管方法も企業や業界によってさまざまである。

だが，クラウド型の普及によりサプライチェーン上の情報共有が徹底され状況は大きく変わりつつある。パートナー企業同士，あるいはサプライチェーン全体の情報共有が実現され，商品管理・在庫管理の効率化が進んでいる。さらにいえば，これまで複雑だった社内外の情報管理体制も簡素化されることになる。莫大な時間をかけていた社外とのさまざまな折衝も短時間で済むことになる。クラウドを活用し，商品の設計から販売，修理，廃棄にいたるまでのすべてのライフサイクルの情報共有を実現し，データベース化することでコストも在庫も削減できるわけである。もちろん，需要予測・生産計画・配送計画・販売計画などもこれまで以上にスムーズに行えることになる。

そしてクラウド化に続いて，ここにきての AI 化，IoT 化により，WMS はより一層の進化を遂げようとしているのである。ディープラーニング機能などを WMS に組み込むことで，在庫戦略・棚卸し精度・出荷予測などの細部で，従来は人手による調整が必要とされてきた部分がより緻密に展開されることになるのである。

5-3 無人フォークリフトの IoT 化

乗用車・トラックなどの自動運転技術が年々高度化しているが，これによって一般道などにおける対人事故などのリスクがゼロに近くなっているとはいえない。それゆえ，いまだより一層の実証実験などが必要とされている。しかし，自動運転技術はすでにある程度成熟しており，実証実験だけではなく実用化への道のりを歩み始めているともいえる。

自動運転を取り巻く状況に鑑みて，倉庫内などにおける無人フォークリフトの活用に注目が集まっている。夜間の人のいない労働環境である倉庫内で貨物運搬をプログラムに沿って無人で行うフォークリフトを活用できれば，人手不足を解消することもできる。

実際，すでに先進的な倉庫内では無人フォークリフトが夜間に運用されている。人力によるフォークリフト運転に比べて作業時間がかかるなどの課題はあるが，夜間の本来ならば非作業時間帯にゆっくりと作業を行い，翌朝には終了しているというスキームならば，コスト面でも効率面でも問題はない。

また，アマゾンなども Kiva Systems という庫内無人運搬システムを活用して，物流エンター業務の効率化と高度化を推進している。

5-4 テレマティクスと自動運転

テレマティクスとは，広い意味で自動車と情報通信技術の融合を指し，ITS と呼ばれることもある。例えば，通信機能を備えたカーナビシステムや，ETC も，その実現例の１つである。もともと，この技術は自動車そのものの価値向上，機能アップを目的に開発が進んできたが，自動車の機能向上だけでなく，自動車に搭載した人や荷物のリアルタイムでの状況監視や，自動車そのものの在庫管理・位置管理も視野に入れて IoT 化が進んでいる。

ある大手車載機器会社は，トラック用の車載装置と RFID タグを組み込んだスマートパレットを連携することにより，自動車の挙動のみならず，貨物の状況（振動や温度）をリアルタイムで把握できるシステムを開発し，タイ国で運用中である。このしくみにより，例えば，悪路を走行中に荷物が破損した場合，車載装置で得られる位置情報や加速度情報と併せて分析を行うことにより，時間や場所をリアルタイムで判明することが可能となる。

また，レンタルトラック会社では，トラックを保管する大型駐車場に無線リーダーを設置し，レンタルトラックに RFID タグを具備することにより，１台１台のレンタルトラックの入出庫の動きや在庫数の管理を完全に自動化しているところもある。それまでは従業員が毎日実施していた点検作業がなくなり，大きな業務の効率化が実現された。同社のサーバー機能はクラウドで実現しているため，セキュリティも高く，運用コストも安い。

今後は，５G システムの到来により，自動車の IoT 化の動きはますます加速していくことになるが，自動車を取り巻くエコシステム全体の最適化も進められており，そのためには，正確な位置情報の把握や，高精度な３次元地図，高機能で安定なクラウドシステムも含めたトータルなシステム管理が必要とされている。

5-5 作業負荷を軽減させるサポートジャケット

物流業務における作業負荷は大きく，積込み，積卸し，仕分け作業などの荷役業務ではマテハン機器などの導入が行われているものの，作業者には大きな負担となっている。コンベヤやフォークリフトを導入するほどの規模でもない物流現場の場合，作業者はどうしても手荷役で対応せざるを得ない。

そこでサポートジャケットやアシストスーツと呼ばれる作業負担を軽減するジャケットやスーツが開発され，実用化が進み始めた。動力によりアシストするタイプと動力はないがジャケットやスーツのしくみ自体が身体にかかる負荷を軽減するタイプのものが出てきている。

もちろん，基本的には現場作業での腰や身体の負担を軽減するワークウェアとして開発されたもので，主に次の３つの機能を有している。

①フォームナビ機能

第２の背骨となる部分により，理想的な姿勢になるように誘導し，作業時の前かがみ姿勢を抑え，背中や腰への負担を軽減する．

②ランバーサポート機能

腰を安定，保護するための大きなベルトにより，背骨と腹筋，背筋を包み込む事で負担を軽減する。

③マッスル機能

膝から腰にかけて，脚の筋肉補助を目的としたパワーベルトを装着し，作業時における前屈姿勢や起き上がりの力を補助する。

無論，将来は IoT ツールなどとのリンクのもとに作業者の体調管理や効率化のデータ収集などに活用される可能性を秘めている。

5-6 医薬品輸送の見える化：GDP

厚生労働省によりGDPが発表され，今後，グローバル化に対応した業界標準として徹底される方向にある。

GDPとは医薬品が製造工場を出荷した後，患者の手元に届くまでの流通プロセスにおける品質保証を目的とした指針のことである。

GDPには次の3つの特徴がある。

①品質の確保，温度管理（温度マッピングを含む）

②流通プロセスの適正管理

③偽造医薬品対策

この結果，医薬品輸送のGDP対応を進めるため，リアルタイムで温度，湿度をセンサーでモニターし，通信を用いて見える化をするIoTサービスへのニーズが顕在化している。

GDP対応の医薬品物流では温度マッピングが必須となる。温度マッピングとは，一定の容積の空間温度の分布状況を調べることであり，これが医薬品の倉庫や輸送用保管設備には不可欠となる。

また，関西国際空港はCEIV Pharmaをコミュニティ（同社などによる「KIX Pharmaコミュニティ」）で認証取得している。GDPの実践に向けての安全・安心な体制の構築に乗り出している。コミュニティが共同で認証を取得したことで，貨物の引き取りから航空機への搭載までの一連の輸出プロセスや空港到着から配送先・納品先までの一連の輸入プロセスにおいてのGDPが実現される。医薬品貨物の航空輸送スキームにおいて徹底した温度管理を前提とした高品質なグローバルサプライチェーンが実践できる。

さらにここにきて半導体技術の進歩により，簡易で小型な位置情報端末が，各通信キャリアからも多数発売されている。このような端末は，医薬品のGDP対策のみならず，トラックの運行管理や配送の効率化，

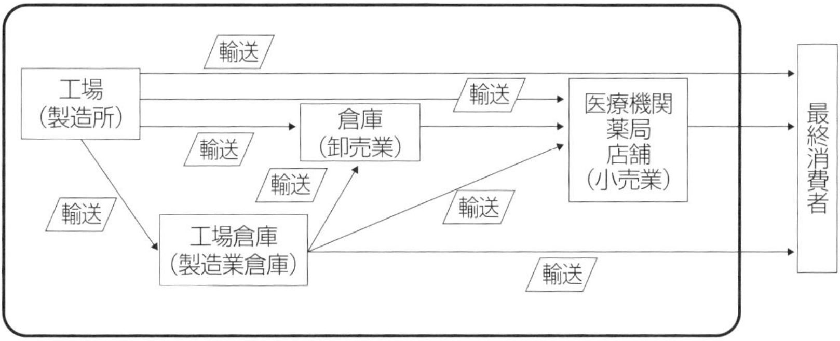

図表5-2　医薬品の GDP の対象範囲

貴重品のセキュリティ輸送，建設機械などの盗難防止，等に幅広く利用されている。

こうした動きに対して，例えばユーピーアール社の「なんつい」サービスなどが対応することになる。「なんつい」とは，「なんでも追跡システム」を意味し，「あらゆるモノの位置，温度，湿度情報を１つの端末１台でリアルタイムにウェブ上から，簡単に確認できる」，「温度や湿度の異常発生時に，アラートメールを発信し，即座に確認できる」，「短期間からのレンタル利用が可能」などの特徴を有している。この「なんつい」サービスは，すでに物流の現場などで数千台の端末が稼働している。

5-7　自動採寸技術

機械学習の進歩により，ここにきて自動採寸技術も注目されている。自動採寸技術とは人体の写真などの画像から衣服・靴・靴下・手袋などを自動的に採寸する技術である。

2018年に ZOZOTOWN（当時はスタートトゥデイ）が「ZOZOSUIT

（ゾゾスーツ）」という採寸ボディスーツを発表したことで大きな注目を集めた。さらに同社は足の３Ｄサイズを計測する「ZOZOMAT（ゾゾマット）」を開発し，靴の自動採寸にも乗り出した。また紳士服大手のコナカもスマートフォン対応の自動採寸アプリを開発している。さらにオンワードホールディングスやファーストリテイリングも自動採寸技術の高度化を前提にオーダー生産の専用工場を建設したり，販売を強化したりする方向性を打ち出している。

ワイシャツやスーツなどの以前よりオーダーメイドに一定の顧客層が存在する分野に加え，これまで需要が表面化していなかった靴・靴下・下着などでも，「手軽に自動採寸が可能になることで需要を喚起できる」と考えられる。

ただし，自動採寸技術の普及で，アパレル業界のサプライチェーンの基本スキームも大きく変化していく可能性が出てきている。すなわち，従来はＳ・Ｍ・Ｌなどの標準化されたプロトタイプの体型をもとにパターン（型紙）が作られ，それに基づいて縫製工場での大量生産ラインが組まれていた。しかし，自動採寸からオーダーメイドの型紙を作り上げ，各人の体型にジャストフィットした衣服が手軽に入手できる時代が到来しつつある。

6

物流 IoT の今後の展開

6-1 物流センターの「無人化」への流れ

これまで述べてきたことをまとめることになるが，最新の物流センターでは，庫内作業をできるだけ標準化する方策がとられている。自動倉庫の導入，デジタルピッキングの高度化，梱包の簡素化，作業効率をアップさせるための RFID（非接触タグ）の導入などが推進されている。

加えていうと，ビジネスの世界においては物流が人工知能の標的にされつつもある。すなわち倉庫・物流センターの無人化である。人工知能搭載の自動倉庫や在庫管理システムが近未来の物流センターの中核に据えられる可能性がきわめて高くなってきているのである。

近未来の無人化物流センターの１日のオペレーションの流れはおそらく次のようになるはずである。

まず，自動運転トラック，隊列走行型トラック，ロジスティクスドローンなどが物流センターに到着する。入荷業務における無人化フォークリフトは機械学習型のプログラムコントロールで荷卸しを行い，

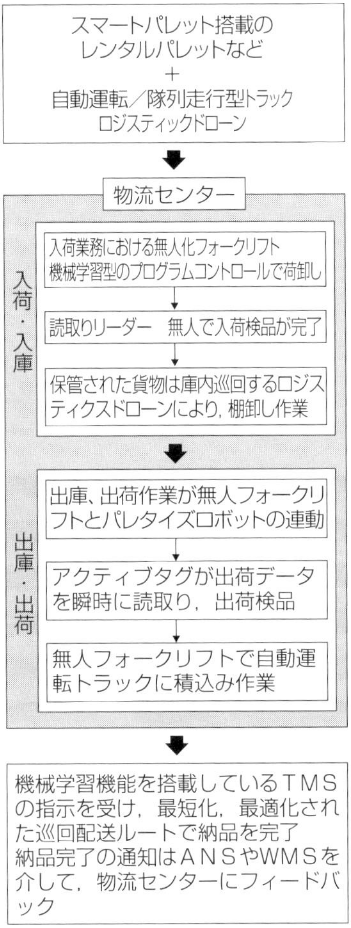

図表6-1　無人化された一連のロジスティクスオペレーション

RFIDのアクティブタグを装着したレンタルパレットとそれに搭載されている貨物は無人センターの読取りリーダーを通過することで無人で入荷検品が完了する。パレットラックに格納，保管された貨物は庫内巡回するロジスティクスドローンにより，棚卸し作業が行われる。機械学習により出荷予測を精緻に行うことができるようになった庫内司令塔のWMSからの発注指示により，出庫，出荷作業が無人フォークリフトとパレタイズロボットの連動により進められる。レンタルパレットに装着されているアクティブタグが出荷データを瞬時に読取り，出荷検品を終えると，無人フォークリフトは自動運転トラックに対して積込み作業を行う。自動運転トラックは機械学習機能を搭載しているTMSの指示を受け，最短化，最適化された巡回配送ルートで納品を完了する。もちろん，納品完了の通知はASNやWMSを介して，物流センターにフィードバックされる。無人環境でのモノの流れが究極のかたちでまとめられることになるのである。

6-2 物流が消える：「ロジスティクス6.0」

ロジスティクス5.0のさらに先にあるものとは何であろうか。その方向性を考えてみたい。

ロジスティクス思考を進めるにあたって重要なことは，「動線を可能な限り短くする」ということともいえる。ちなみに輸送というのは，距離のギャップを埋めることである。北海道で作った食べ物をすぐに東京で食べることはできない。東京で食べるには北海道から輸送して来なければならない。これが距離のギャップである。

そして，来たるべくロジスティクス6.0ではそうした輸送を必要とするギャップを最小限にしたら，どれくらいの効果があるかを考えることになるだろう。理想からいうと，ドラえもんの「どこでもドア」がベストということになる。

ただし，現在の科学では，どこでもドアが発明される可能性はゼロなので，それに代わる代替案が必要になる。

遠方から瞬間にモノを移動させることが困難ならば，逆にモノの移動距離を限りなくゼロに近づけるというのはどうか。すなわち地産地消である。

モノを生産した場所で消費するようにすれば，移動距離は生じない。

距離のギャップを埋める輸送も不要になる。

また，生産地と消費地が近くにあるということは輸送距離がゼロになるというほかにも，生産地と消費地の相互情報の共有が容易に行えるというメリットもある。

「モノがないときには輸送して問題を解決する」というのは，人類の偉大な英知ともいえるが，「輸送をしなくてもよい状況を作り出す」ということができれば，より好ましいわけである。

そこで例えば，工場・物流センター・店舗のリンクが現状以上に強ま

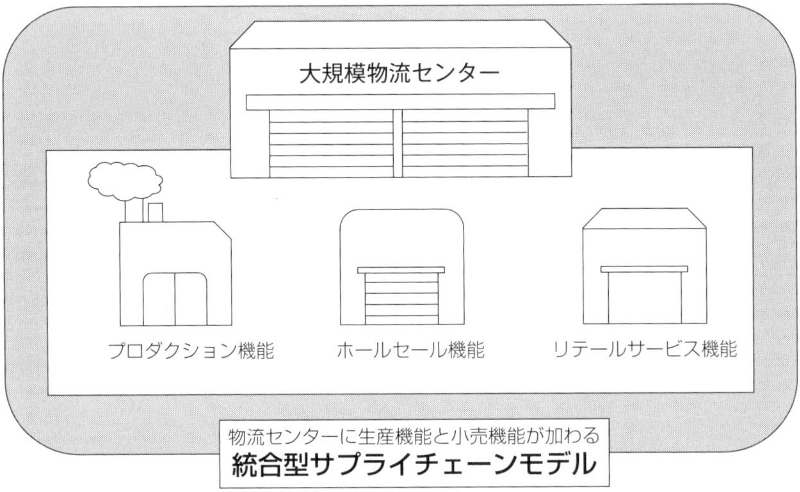

図表6-2　次世代ロジスティクスの可能性

り，それにあわせてロジスティクス情報支援システムも構築されるということになるのではないか。

物流センターは箱詰めや袋詰めなどの工場の作業や値札付けやハンガーの架け替えなどの小売業の作業を取り込んできた。川上の諸作業と川下の諸作業を物流センターが吸収することで機能アップを図り，サプライチェーンの司令塔の位置付けを確立したのである。

それならば，さらに物流センターは機能を拡充し，工場や店舗の全ての機能を飲み込んでいく可能性が高い。実際，近年の物流センターは20万㎡以上，すなわち東京ドーム４基分という想像を絶する規模にまで行きついている。いずれは物流センター内部に最新鋭の工場（プロダクション機能）と卸売（ホールセール機能），店舗（リテールサービス機能）を併せ持つ「総合型サプライチェーンモデル」が登場するはずである。そしてもちろん，ロジスティクス6.0ということになれば，すべてのオペレーションは無人で展開されることになるのだろう。

6-3 SE としての視点からの「物流」

物流・ロジスティクス領域は AI，IoT，ICT をオペレーション効率化のバックボーンとすることで，サプライチェーンのさまざまなプレーヤーから高い注目度を獲得している。しかしながら，ここにきての大きな課題となっているのはロジスティクス領域における SE（システムエンジニア）の不足である。

ロジスティクス情報支援システムの構築においては，緻密な要件定義のもとに，実践的なプログラムを実装できる優秀なプログラマー，SE を多数必要とする。しかしながら，物流・ロジスティクス領域に精通したプログラマーや SE がどうしても不足がちになる状況をなかなか払拭できない。

例えば，物流 IT システムの企画，開発について考えてみると，物流システムのさまざまな利害関係者（物流事業者，荷主企業の経営，現場などのそれぞれの関係者など）の抱える諸問題や目標地点について，物流 IT ベンダーなどの SE などが十分に状況を理解できないために，システムが使いにくかったり，不十分であったりする事例も少なからず見られる。

あるいは，IT ベンダー企業が中心となり，WMS などの物流情報システムを導入する場合，システム設計・開発だけに留まらず，超上流工程においても IT ベンダー企業に任せきりとなるケースが多い。しかしながら，IT ベンダー企業は個々の企業の物流特性について十分な知識がないことも少なくなく，それが物流情報システムの構築にあたり，大きなネックとなることもある。

物流・ロジスティクス領域におけるビジネス分析も重要である。組織の構造，方針，オペレーションを理解し，どのようなゴールが達成可能な目標地点となるか，解決策を導き出すために利害関係者が協力して取り組む必要がある。その組織が達成すべき目標を設置し，製品やサービスを提供するのに必要な能力などを定義していく。顧客，スタッフ，IT 専門家など，さまざまな関係者の情報を総合的に分析しなければならない。

つまり，「企業分析を行い，それを踏まえて企業のビジネス要求を分析し，そのソリューションを検証し，妥当性を確認する」というのが基本的な流れとなり，同時にビジネス要求について，その要求をいかに引き出し，マネジメント，コミュニケーションをきめ細かく行っていくかということがポイントとなる。

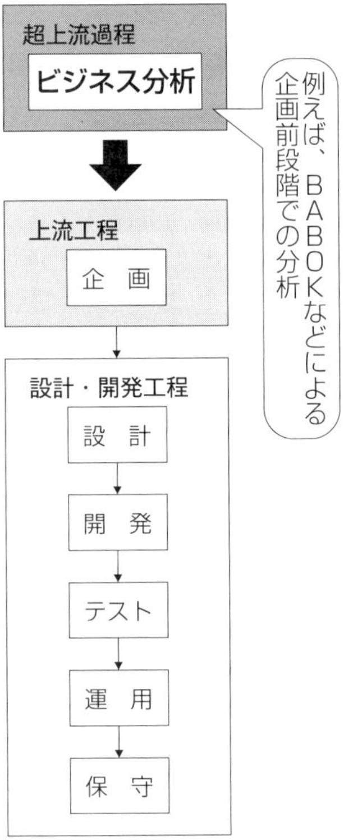

図表6-3　IT システムの構築プロセス

また，要求分析（リクワイアメント・アナリシス）も重要である。文書化されたビジネス要求をシステム開発などにおける具体的なソリューションに生かせるかたちに変換する作業工程である。どのようなビジネス要求が重要かその優先順位を決め，さらに整理，検証などを行う。

TMS，WMS などは，物流 IT 化の流れの加速のなかでさらなる高度化の必要性に迫られている。また今後は，動静脈一貫物流情報支援システムなど，ビジネスロジスティクス領域も拡大する方向性を見せ始めている。

そうした流れを考えると，IT ベンダー企業がこうした高度化，複雑化する物流トレンドや最新の物流業務で求められる新しいオペレーションに対する効率的なソリューションを的確に捉えるためには，物流関係者とのより緊密な関係を築くことは不可欠に思える。

さらに，BABOK（ビジネスアナリシス知識体系ガイド）の概念が物流業界にも浸透し，それを活用する動きが本格化してくれば，TMS や WMS，さらにはリバースロジスティックス領域などの物流 IT システムの構築がより効果的に行われ，物流改善やロジスティクスの高度化に直結していくことになるだろう。

6-4 BCP 対策としての物流 IoT

BCP とは，災害や有事などの発生下で必要不可欠な業務をいかに継続させていくかを計画することを指す。物流・サプライチェーンについては，地震，大雪，洪水などで「サプライチェーンの寸断」が大きな社会問題として注目されることが少なくない。被災～避難～復旧～防災にいたる一連の「災害チェーン」における最適化を考える必要がある。それぞれのフェーズにおける物流課題を整理し，その対策を立てるのである。

災害チェーンの傾向としては初動のつまずきが大きいものの，ある程度，それぞれのフェーズで状況が落ち着いてくれば，民間企業が回転するようになるということがいえる。例えば，救援物資輸送は初期につまずいても大手宅配便企業が本格的に起動すれば，混乱は収束に向かう。しかしながら，初動のつまずきが大きいということは，精神的に不安定な被災者などの不安を増幅させることにもなり，なんとしても避けたいところでもある。

そこで対策として浮上するのが行政サイドの自律的な災害サプライチェーンの構築である。民間企業が本格的に動き出すまでの初動時間に行政・災害 SCM が起動し，災害情報を共有し，「必要なところに必要なモノを必要なだけ供給する」ことで災害の各フェーズの初期ダメージを最小限に抑えるようにする。災害 SCM の各フェーズにおけるベストプラクティスを設定し，あわせてチェーンの全体最適を実現する方策を練る必要がある。

6-4-1　実装活動の概要

東日本大震災に際しては，被災以降の救援物資輸送などの震災ロジスティクスに大きな課題があることが指摘されている。本研究では，震災における物流・ロジスティクス領域について，現状分析を行った上で，新たに災害 SCM ネットワーク，あるいは災害の一連の流れに対応するロジスティクスリスク管理チェーンを検証し，AI 武装，IoT 武装された最適化 SCM システムを設計，構築する必要がある。

震災発生における物流課題としては以下の 5 点があげられる。

①被災（地震・津波）後の救援物資輸送（生活物資の輸送）

②復旧物流（災害廃棄物の処理，住宅建材などの供給など）

③物流インフラの再構築（損壊した物流倉庫の復旧など）

④原発事故対応物流（出荷制限，海外での輸入禁止への対処など）

⑤防災物流管理（余震などへの物流対応）

なお，いずれの項目についても，ある程度状況が落ち着いてくれば，民間企業などの支援が期待される。しかしながら，災害の発生，住民の避難，被災地の復旧などにおいて，それぞれの初動の段階では，民間が独自の判断で震災対応の物流スキームを組み立てることはきわめて難しいといえる。

そこで，初動の段階ではまず，行政サイドが独自システムによる災害 SCM を機動させ，民間企業などへのサポートを円滑に行う道筋を作っておく必要がある。地方自治体レベルによる災害 SCM の構築と運用をいかに進めていくか，被災地の実情を鑑みながら，準備を進めなければならないのである。

6-4-2　災害 SCM の検討例

①救援物資輸送

今後の災害の発生に備えて，救援物資輸送の緊急受発注システムを行政ホームページに構築。

②物流施設の避難所対応

被災地の現況を分析し，津波リスクのない土地に産業用地を造成，工場，物流センターをあらかじめ緊急時に避難所機能（避難所として使えるスペース確保，ライフラインなどの整備）を発揮できるようにする。

③被災インフラの情報公開

災害によりダメージを受けた物流インフラマップをリアルタイムで行政ホームページから公開するシステムを構築。

④復旧物流対策

災害廃棄物の処理にあたっての司令塔としての役割（災害 CLO－災害物流最高責任者－行政ポストの設置を検討）。

⑤防災物流管理

被災地の復興状況を常に先取りするかたちでリサーチし，問題を未然に解決するサーベイヤンス（監視）機能をロジスティクス視点から付加。

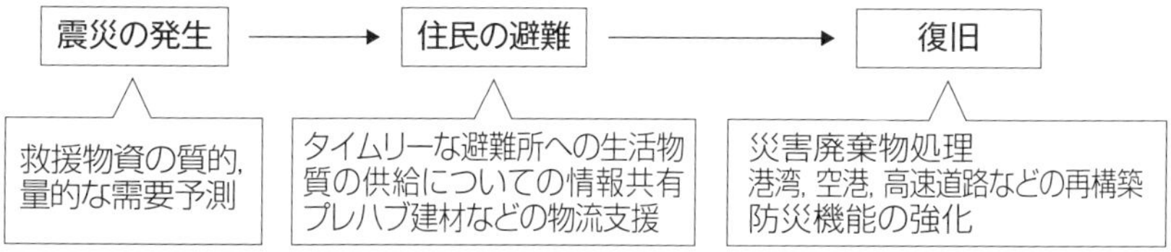

図表6-4　震災の発生から復旧までのチェーン

6-5 少子高齢化と物流 IoT

わが国における少子高齢化の進行により，運送業におけるトラックドライバーの不足が深刻化している。運輸業の就業人数は2000年の334万人をピークに減少の一途をたどっている。また若年層（20～24歳）の免許取得率も2000年比で78%（2015年時点）まで落ち込んでいる。トラックドライバー職に就く20代の占める割合は2001年の26.8%から2015年には11.6%まで下落している。

しかしながらインターネット通販の普及による宅配便需要の増大など，トラックドライバーがわが国の物流システムで担う役割は大きく，若年層の運転職離れとそれに伴う人材不足，従業者の高齢化に対して抜本的な対策が要求される事態となっている。こうした状況を受けて，近年，物流の現場では最小限のトラックドライバー数でオペレーションを展開するしくみ作りの模索が行われてきた。具体的には，共同配送，モーダルシフト，中継輸送などの導入や活用が積極的に行われるようになった。

共同配送を導入することで，荷主単位で貨物をまとめたり，さらには複数荷主の貨物を混載したりするといった工夫を施すことで小型トラックから大型トラックへの積替えを積極的に進め，トラックドライバー不足に対応することが可能になるし，モーダルシフト輸送の導入では大ロットの長距離輸送については海上輸送や鉄道輸送を活用することでトラック輸送を最小限に抑えることが可能になる。また中継輸送を導入することで配送エリアを限定し，リレー方式で長距離輸送を行うことで個々のドライバーの負荷を軽減することが可能になる。さらに女性ドライバーや高齢者ドライバーの活用についても優遇措置を講じつつ，労働力として最大限の活用を図る方策が練られている。

しかしながら，トラック運送の労働力が大きな減少傾向を示している現状では，こうした対策だけでは充分といえない。したがって自動運転や隊列運転，さらにはロジスティクスドローンの導入などによる物流IoTの大掛かりな刷新が望まれるわけである。

6-6 グリーンサプライチェーンと物流IoT

地球環境に対する意識が高まる流れを受けて，SCMのグリーン化が進んできた。米国では1990年代末からグリーンSCMについての本格的な学術論文が相次いで登場しており，例えば，Bonita M. Beamon (1999) "Designing the Green Supply Chain," *Logistics Information Management*, Vol.12, No.4. などでその概念が提唱されている。

サプライチェーン全体のグリーン化を行い，多企業間の情報共有，ビジネスロジスティクス，マテリアルマネジメントについての環境戦略を整備していく流れが強まっているのである。すなわち，グリーンSCMとは従来の動脈部分の情報共有，ビジネスプロセスの最適化を推進するSCMに循環型ロジスティクス。環境マネジメント，リバースロジスティクスの視点などを導入して，静脈部分の情報共有，ビジネスプロセスの最適化を推進するというものである。

リデュース，リサイクル，リユース，リマニュファクチャリング，リペアなどを戦略的に展開し，可能なかぎり廃棄物や有害物質を減少させる方策を推進し，環境情報をサプライチェーン全体で共有するのである。設計，調達，製造，フォワードロジスティクス，リバースロジスティクスについて全体最適の実現をふまえたうえでグリーン化の枠組みを構築することがグリーンSCMでは求められることになるわけである。

サプライチェーンにおける設計，調達，生産，動脈物流，静脈物流の各部門で環境武装を進めることが，グリーンSCMの構築においては必要になる。これまでのSCMの情報共有化がフォワードロジスティクスだけで完結しがちで，回収，再使用の情報が調達部門や生産部門には伝わってこなかった。けれども循環型システムを円滑に機能させるには，設計，調達の段階で回収，再使用，あるいは廃棄に関する諸情報も必要となるわけである。

例えば，分解しやすい設計で耐久性の高い部品を組み入れれば，リサイクル，リユースの段階での手間が軽減される。リサイクルに関する需要予測を商品開発に活用することも可能になるわけである。すなわち，グリーンSCMの構築においては，まずは環境にやさしい設計コンセプトを導入しての「デザイン・フォー・グリーンSCM」が求められるわけである。

調達段階でも環境を意識した「グリーン調達」が行われる。グリーン調達はリサイクルしやすい素材やムダな包装・梱包を回避する調達方針のもとに進められる。廃棄物が減れば在庫負担も軽減されるというメリットもある。

次に生産段階では「ゴミゼロ工場」を実現させる。ゴミゼロ工場では100%の廃棄物のリサイクルを目指す。グリーンマネジメントを徹底して，工場からゴミを発生させないようにするのである。さらにいえばグリーン製造を徹底し，生産の省エネルギー化，効率化についても徹底し

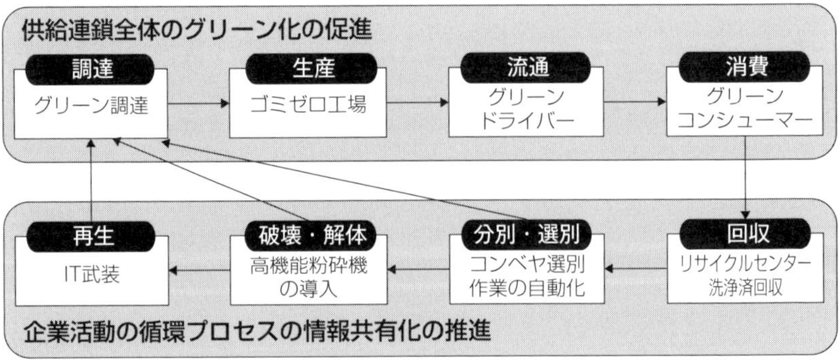

図表6-5　グリーンサプライチェーンのイメージ

ていく。

物流についてはグリーン物流の徹底を目指し，モーダルシフトの導入，共同物流システムの構築，省エネ輸送・搬送機器，輸送手段の採用，物流センターの省エネ化などを推進していく。

もちろん，消費者にも商品の回収や廃棄に関する情報を共有してもらう「グリーンコンシューマー」となってもらう。さらに消費者を起点とした廃棄，リサイクル，リユースも充実させることによって，グリーン化の徹底を図る。無論，環境関連の商品諸データについてはRFID（非接触タグ）などを活用し，トレーサビリティ（追跡可能性）をはじめ，物流 IoT を活用，充実させることに今後，さらに力が入れられていくことになる。

6-7 スマートサプライチェーンのこれから

1990年代の IT 革命を起点としたインターネット革命や2000年代のクラウド化の進展，物流不動産ビジネスの隆盛による現代的な巨大物流施設の相次ぐ建設などを受け，SCM の具現化は進み，進化する高度情報システムとのリンクのもと，スマートサプライチェーンへの昇華を遂げようとしている。

SCM の基本的な概念や考え方は1980年代中頃にエリヤフ・ゴールドラットの主著『ザ・ゴール』（邦訳，ダイヤモンド社，2001年）が米国で刊行されたあたりから製造業を中心に広まり始めた。しかし，その理論面はともかく実装面については，当初は「絵にかいた餅」という声も小さくなかった。だが，ここにきて，スマート化を遂げたサプライチェーンは実装面でも高度化がさらなる加速度を得ている。

1990年代に 3 PL の概念が物流・ロジスティクス業界に広まり，物流からロジスティクスへの進化の歩みが顕著になってきた。ロジスティクス1.0の誕生である。

さらに2000年代に入り，本格的なサプライチェーンの時代を迎え，RFIDタグやレンタルパレット，WMS，TMS，高度マテハン機器としての自動倉庫，DPS，DASなどが華々しく登場し，物流効率化，高度化の来るべき未来を垣間見させてくれた。ロジスティクス2.0の時代である。

ロジスティクス3.0時代の2010年代前半を経て，平成から令和へのバトンタッチが進められる前後まで来た段階でロジスティクスは4.0へと進化した。物流・ロジスティクス領域へのAI，IoTの活用イメージが高い実装の可能性とともに広まり始めてきたのである。

そして今，5G時代の到来を受けて，ロジスティクスも5.0へとアップグレードされようとしている。無人の物流センターを往来する無人フォークリフトと無人運搬機，庫内外で荷物を運ぶだけでなく，棚卸しや検品機能も組み込まれたロジスティクスドローン，さらには実用化が近い隊列トラックや，自動運転トラックといった物流IoTやAIとリンクした多くの次世代輸配送・運搬機器が実用化に向けて動き出している。RFIDアクティブタグを標準装備したスマートパレット®，機械学習・ディープラーニングとリンクした次世代WMSやTMSなどの情報システム，パレタイズや仕分け作業，さらには運行管理にも活用の可能性を広げるロジスティクスロボティクスなど，わずか2～3年の間に物流IoTは大きく進展してきている。

ますますの高度化を遂げるロジスティクスの司令塔ともいえる物流センターは30万㎡を超えるギガ施設となり，さらなる規模拡大も遂げようとしている。同時にあたかも意思を持ち合わせているかのように機械学習機能を備えたWMSなどにより，需要予測や在庫政策の決定権をも有し，ロボット作業者や無人フォークリフトも管理する。物流センターそのものが工場機能やリアル店舗機能，ネット通販機能などのサプライチェーンの全体を包括する存在となりゆくのかもしれない。

スマートサプライチェーンの設計と構築により，サプライチェーン全体の効率化が進み，利便性がより一層向上していくことは否定のしようのないことに思えるが，そうしたこれからの新しい時代が，私たち人類にとって，「人間らしい暮らし」と「人間らしい感情」を失わない夢のある未来となることを願っている。

主要参考文献

『RPA の真髄』，安部慶喜著，日経 BP，2019年
『絵解きすぐわかる物流のしくみ』，鈴木邦成著，日刊工業新聞社，2006年
『お金をかけずにすぐできる事例に学ぶ物流現場改善』，鈴木邦成著，日刊工業新聞社，2017年
『グリーンサプライチェーンの設計と構築』，鈴木邦成著，白桃書房，2010年
『これからは倉庫で儲ける‼ 物流不動産ビジネスのすすめ』，大谷巌一著，日刊工業新聞社，2012年
『最新図解早わかり IOT ビジネスがまるごとわかる本』，神谷雅史・㈱CAMI&Co. 著，ソーテック社，2019年
『図解 物流効率化のしくみと実務』，鈴木邦成著，日刊工業新聞社，2012年
『図解 物流センターのしくみと実務（第 2 版）』，鈴木邦成著，日刊工業新聞社，2018年
『最新物流ハンドブック』，日通総合研究所編，白桃書房，1991年
『人工知能は人間を超えるかディープラーニングの先にあるもの』，松尾豊著，KADOKAWA，2015年
『新・物流マン必携ポケットブック』，鈴木邦成著，日刊工業新聞社，2014年
『すぐ役に立つ物流の実務』，鈴木邦成著，日刊工業新聞社，2011年
『すぐわかる物流不動産』，鈴木邦成・大谷巌一著，白桃書房，2016年
『戦略ウエアハウスのキーワード』，宇野政雄監修，鈴木邦成著，ファラオ企画，2004年
『生活における地理空間情報の活用』，川原靖弘・関本義秀編著，放送大学教育出版会，2016年
『定温物流の実務マニュアル指針』，俵信彦監修，野口英雄著，プロスパー企画，2004年
『データ・ドリブン・エコノミー』，森川博之著，ダイヤモンド社，2019年
『トコトンやさしい SCM の本（第 2 版）』，鈴木邦成著，日刊工業新聞社，2014年
『トコトンやさしい物流の本』，鈴木邦成著，日刊工業新聞社，2015年
『配送センターシステム』，鈴木震著，成山堂書店，1997年
『物流管理ハンドブック』，PHP 研究所，湯浅和夫編著，2003年
『物流センターの採算とコスト計算』，河西健次著，日本能率協会，1988年

『物流・配送センター』，佐藤良明著，日刊工業新聞社，1993年
『パレットで物流が変わる』，山崎純大著，ダイヤモンド社，2008年
『「プロドライバー」を育てる3つのルール』，酒井誠著，同文舘出版，2013年
『プロジェクトマネジメント標準 PMBOK 入門（第5版）』，広兼修著，オーム社，2014年
『ベイズの誓い：ベイズ統計学は AI の夢を見る』，松原望著，2018年，聖学院大学出版会
『冷蔵倉庫（新版）』，日本冷凍協会，1989年
Environmental issues in automotive industry, Paulina Golinska, Springer, 2016
Efficiency in Sustainable Supply Chain, Paulina Golinska-Dawson& Adam Kolinski（eds.）, Springer, 2018
Toward Sustainable Operations of Supply Chain and Logistics Systems, Voratas Kachituichyanukul et al.（eds.）, Springer, 2015
Wireless Data Services：Technologies, Business Models and Global Markets, Chetan Sharma & Yasuhisa Nakamura, Cambridge University Press, 2003.

著者紹介

鈴木邦成（すずき　くになり）

物流エコノミスト，日本大学教授（在庫・物流管理などを担当）。博士（工学）（日本大学）。一般社団法人日本ロジスティクスシステム学会理事，日本卸売学会理事。専門は物流およびロジスティクス工学。

主な著書に『すぐわかる物流不動産』（公益社団法人日本不動産学会著作賞授賞）（白桃書房），『グリーンサプライチェーンの設計と構築』（白桃書房），『物流センター＆倉庫管理業務者必携ポケットブック』，『トコトンやさしい小売・流通の本』，『トコトンやさしいSCMの本』『お金をかけずにすぐできる事例に学ぶ物流現場改善』，『運行管理者（貨物）必携ポケットブック』（いずれも日刊工業新聞社）などがある。物流・ロジスティクス・SCM関連の学術論文，雑誌寄稿なども多数。

中村康久（なかむら　やすひさ）

ユーピーアール㈱常務取締役・CTO。東京農工大学大学院客員教授（通信工学やモバイルIT戦略などを担当）放送大学講師。博士（工学）（東京大学）。

元ＮＴＴドコモ理事，ドコモUSA上級副社長。

主な著書に『Wireless Data Services-Technology, Business model and Global Market』（ケンブリッジ大学出版），『生活における地理空間情報の活用』（放送大学教育振興会）などがある。マイクロ波・無線通信，ITS関連の学術論文，特許なども多数。

■スマートサプライチェーンの設計《せっけい》と構築《こうちく》の基本《きほん》

■発行日――2020年1月16日　初版発行　〈検印省略〉

■著　者――鈴木《すずき》邦成《くにのり》・中村《なかむら》康久《やすひさ》

■発行者――大矢栄一郎

■発行所――株式会社 白桃書房《はくとうしょぼう》
〒101-0021　東京都千代田区外神田5-1-15
☎03-3836-4781　FAX03-3836-9370　振替 00100-4-20192
http://www.hakutou.co.jp/

■印刷／製本――亜細亜印刷株式会社

ISBN 978-4-561-75222-6 C0063